DEVOLUCIONES EN CALIENTE

APUNTES DESDE LESBOS

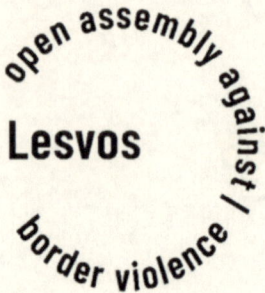

1ª edición: **marzo 2024**

Título: **Devoluciones en caliente.**
    Apuntes desde Lesbos

Títulos originales: **"How Lesvos learned to love the pushbacks"**
    "Against pushbacks. Notes from Lesvos"

Autor: **Open Assembly Against Border Violence Lesvos**

Traducción: **Cori Polo**

Edición:
Bauma impremta-editorial
baumaedicions@protonmail.com
www.baumatallereditorial.org
Instagram: @baumataller

Impresión:
Bauma impremta-editorial
Sesoliveres, primavera 2024

ISBN: **978-84-126178-5-6**
Dipòsit Legal: **B 4612-2024**

ÎNDICE

NOTA DEL EQUIPO TRADUCTOR Y EDITOR

Aprovechamos estas líneas para poder compartir algunas decisiones editoriales en cuanto a la traducción, maquetación y publicación de este libro.

El texto original fue traducido del inglés, donde el propio lenguaje facilita el uso de formas sin género (masculino, femenino o neutro). Algo que no ocurre en el castellano. Por ello, hemos optado por traducir las palabras que se refieren a comunidades o grupos de personas en los que el género no está definido por fórmulas sin un género marcado (personas, gente, quienes...) o en género neutro (con el uso de la "e"). Hemos hecho algunas excepciones, como cuando se habla de "los guardacostas", al referirse a cuerpos mayoritariamente masculinizados.

Hemos intentado conservar, en la medida de los posible, la maquetación original de los textos, adaptada al formato de nuestra publicación.

Todos estos textos se encuentran disponibles gratuitamente para uso libre con fines no comerciales y en distintos idiomas en la página web de la Open Assembly Against Border Violence Lesvos. Para más información y contacto del colectivo:

borderviolencelesvos@espiv.net
borderviolencelesvos.noblogs.org

Los beneficios de esta publicación irán destinados a la lucha contra las violencias en las fronteras y en apoyo a grupos de solidaridad migrante.

GLOSARIO

Devolución en caliente
Traducción de *pushback*. Término que hace referencia a la práctica estatal ilegal de deportar a personas a través de la frontera, normalmente en el mismo momento de su llegada, negando la posibilidad de pedir asilo.

Guardia Costera Helénica (GCH)
La policía estatal griega encargada del control marítimo y costero, incluyendo las fronteras. En el texto será abreviado como GCH para facilitar su lectura.

Frontex
Policía europea encargada de gestionar, controlar y "proteger" las fronteras de la UE.

Rescate Marítimo
Traducción de *Search and Rescue* (SAR). Práctica llevada a cabo por organizaciones o personas independientes al gobierno mediante la cual se trata de buscar embarcaciones a la deriva para ofrecer maneras de rescatar a las personas que van a bordo o de localizar a personas recién llegadas en las costas para prestarles servicios sanitarios de emergencia y acogida.

Personas en movimiento
Traducción de *people on the move*. Concepto que se refiere a las personas migrantes, en su proceso de cruzar países y fronteras. Durante el texto se alternarán ambos conceptos indistintamente: el término más políticamente correcto "personas en movimiento" ya que es el que se utiliza a nivel institucional; y el término "migrante" con la idea de reapropiarse del significado del mismo y quitarle la carga peyorativa que se le ha asignado por los sectores racistas.

Nueva Democracia
Partido parlamentario griego, de derechas. Actualmente en el gobierno desde las últimas elecciones en julio de 2019.

LAS FRONTERAS NO EXISTEN. IGUAL QUE LAS COSAS DE LAS QUE HABLAMOS LARGO Y TENDIDO, PERO QUE NADIE HA VISTO NUNCA: LA SOCIEDAD, FRANCIA, EL TIEMPO O EL CONCEPTO DE FLUJO. HAY MARES, ALGUNOS CASI INFRANQUEABLES. HAY PUERTOS Y MONTAÑAS ESCARPADAS, LAGOS CUYOS AFLUENTES SE PIERDEN EN EL HORIZONTE; HAY TAMBIÉN DESIERTOS COMPLETA O ESCASAMENTE HABITADOS; HAY LENGUAS E HISTORIAS, TRADICIONES, LÍNEAS PARENTALES Y LÍNEAS DE AMISTAD. PERO NO HAY FRONTERAS. POR ESO SE NECESITA TANTA INFRAESTRUCTURA PARA DAR FE DE SU INEXISTENTE EXISTENCIA. TORRES DE VIGILANCIA, ALAMBRADAS, GARITAS, PASAPORTES Y HOMBRES DE UNIFORME, ADEMÁS DE ESCÁNERES, DRONES, SENSORES, LOS MILAGROS DE LA TECNOLOGÍA DE INFRARROJOS Y CÁMARAS CREADAS ÚNICAMENTE PARA VIGILAR Y CONTROLAR ESAS FICCIONES IMPUESTAS: LAS FRONTERAS.

Bye-bye Saint Eloi!
Observaciones sobre el escrito de acusación
de la fiscalía en el caso "Tarnac".

INTRODUCCIÓN

για έναν κόσμο χωρίς σύνορα, πατρίδες και χαρτιά

NoBorder στη Λέσβο

25>31.8.2009

συντονιστικό noborder.lesvos.09

Portada de la octavilla de la acampada No Border Camp que tuvo lugar en 2009 en Lesbos, que puso sobre la mesa, entre otras cosas, la cuestión de las devoluciones en caliente en esta fase temprana e irregular de su uso.

Cada publicación tiene su propia finalidad. Este librito también. Su concepción, la posterior discusión en torno a él y, por último, su elaboración tuvieron lugar en una geografía concreta: en el noreste del Egeo. Más precisamente en la isla de Lesbos, una de las mayores islas griegas periféricas, separada de la costa turca por el mar Egeo.

La isla de Lesbos siempre ha sido un centro neurálgico entre Turquía y Grecia, un punto principal de entrada al territorio griego para las personas que llegan desde la costa turca tras cruzar la frontera marítima que las separa. Pero el renombre y la fama actuales de la isla se remontan al verano de 2015. En aquel momento, debido a las violentas consecuencias de la guerra en Siria, miles de migrantes se vieron obligades a huir a los territorios de los países adyacentes. Cruzaron desde Turquía hacia territorio griego.

En la búsqueda de una ruta hacia Europa Central, Lesbos y las demás islas del noreste del mar Egeo figuraron entre las primeras escalas europeas de la oleada migratoria: "la primera línea de acogida", como les gusta decir al personal humanitario y sus analistas. A partir de ese momento, el destino de Lesbos se entrelazó con el fenómeno de la "crisis de les refugiades". Al mismo tiempo, el debate público europeo se centró en la postura de que la "inmigración masiva" —"los crecientes flujos de refugiados", en sus propias palabras— supone un problema para el que hay que buscar soluciones urgentes.

Cómo no, en opinión de quienes gestionan la "crisis de les refugiades", la situación debía estructurarse, concretarse y, en definitiva, gestionarse. Por un lado, los flujos migratorios debían canalizarse hacia centros en los que se pudieran controlar, vigilar y examinar su movimiento y circulación durante el proceso de llegada a la Europa continental. Estos centros de detención —autodenominados *hot spots* o "centros de acogida"— estaban destinados a la población migrante recién llegada. Por otro lado, se movilizó a las Organizaciones No Gubernamentales (ONG) para que prestaran servicios médicos, sociales y jurídicos. Mientras tanto, se interceptó e impidió el paso a aquellas personas migrantes que intentaban cruzar la frontera marítima greco-turca para llegar a las islas del noreste del Egeo.

Las primeras técnicas de gestión de la "crisis de les refugiades" consistieron en la creación de centros de detención y la movilización de las ONG y la sociedad civil (incluida la cooptación de algunos de estos sectores a favor intereses estatales, desempeñando funciones parapoliciales de vigilancia y coerción). El Estado griego empeoró aún más las condiciones de los centros de detención para desalentar la entrada de inmigrantes en las islas griegas y, por extensión, al territorio griego. Al mismo tiempo, delegó la gestión del fenómeno de les refugiades a las ONG. Los flujos de personas que llegaban a Grecia se traducían en flujos de dinero en efectivo, que el gobierno griego recibía y distribuía entre sectores no estatales. La movilización de las ONG, en esta coyuntura anterior, respondía también a una segunda necesidad urgente. Había que volver a fortalecer el tejido social a través la misión humanitaria: no más solidaridad incondicional; no más luchas para eliminar las distinciones de raza y clase... Pero sí la creación de nuevos roles: coordinadores, gestores, expertos... y sus consecuentes: clientes, beneficiarios, gradaciones de vulnerabilidad... A ello se le sumó el uso de conceptos y técnicas de gestión, un poco de retroalimentación por aquí, algunas derivaciones por allá y... ¡Tachán! Problema resuelto.

Ahora vemos que estas técnicas de gestión de la migración han cambiado. La llegada al gobierno de Nueva Democracia en el verano de 2019, con su programa político central de "cerrar las fronteras", cambió drásticamente el panorama, acelerado por los acontecimientos de marzo de 2020 en Lesbos y otras islas del norte del Egeo, durante los cuales el gobierno estableció su doctrina de "amenaza asimétrica" por parte de Turquía. Hablando con precisión, incluso antes, durante los meses previos a marzo de 2020, un sector ruidoso de la derecha tomó el control geográfico de zonas estratégicas de la isla. Restringieron la circulación de migrantes, trabajadores de ONG, periodistas y personas solidarias. Un llamamiento a la huelga por parte del gobierno municipal bajo el lema "Queremos recuperar nuestras vidas. Queremos recuperar nuestras islas" dio una renovada credibilidad a las antiguas reivindicaciones de la extrema derecha. La población migrante se disparó, gracias a la negligente estrategia migratoria de Nueva Democracia, que bloqueó los traslados al continente y empeoró las ya pésimas condiciones de vida en los centros de detención. Miles de migrantes salieron a la calle para exigir una mejora inmediata de sus condiciones de vida, el fin de las expulsiones y su traslado de las islas a la península. Como reacción, la derecha —ahora movilizada— supo cautivar a la gente local para crear grupos de vigilancia y protesta que controlaban la entrada y salida de migrantes del centro de detención de Moria, restringiendo aún más el acceso de las personas migrantes al espacio público y al resto de servicios. Todo ello amparado por las promesas del gobierno local y estatal.

Ahora, en la Grecia 2.0, el pilar central de la política migratoria es la construcción de centros de detención cerrados, instalaciones situadas lejos de la vida social, con el fin de evitar cualquier posible encuentro entre la población local y las personas migrantes en el centro de las ciudades o en zonas más pobladas. Esto se ve reforzado por el carácter "cerrado", que impondrá el encierro a les inmigrantes, y que las posibles salidas y movimientos a nivel local estarán restringidos y controlados.

Sin embargo, el intento del gobierno de hacer de los centros de detención cerrados un modelo *óptimo* no habría sido posible si no se hubiera reducido drásticamente el número de inmigrantes que llegan a territorio griego. Es en este punto donde entra en juego uno de los "secretos" más recónditos de la sociedad griega y europea, el precio que una sociedad tiene que pagar para "recuperar su vida", para hacer creer que ha vuelto a la normalidad: las devoluciones en caliente.

Las devoluciones en caliente, junto con los centros de detención y las políticas de criminalización de la migración, conforman la constelación de la gestión actual de la migración. Una devolución en caliente se refiere a *un conjunto de medidas estatales que obligan a las personas refugiadas o migrantes a ser expulsadas de la frontera (normalmente inmediatamente después de haberla cruzado) sin tener en cuenta sus circunstancias individuales y negándoles la posibilidad de solicitar asilo.*

El fenómeno de las devoluciones en caliente no es nuevo, al menos en la región del Egeo. Uno de los principales objetivos del No Border Camp que tuvo lugar en Lesbos en 2009 era plantear la cuestión de las devoluciones en caliente ilegales. Por supuesto, en ese período anterior a la crisis migratoria de 2015, las devoluciones se llevaron a cabo de manera diferente. Los buques de la Guardia Costera se acercaban a las embarcaciones de migrantes, normalmente (pero no siempre) en aguas territoriales griegas, creando olas para que las embarcaciones tuvieran que cambiar de dirección y acabaran en territorio turco. Cabe señalar que, si bien es cierto que durante esos años la Guardia Costera Helénica y Frontex llevaron a cabo operaciones de devoluciones en caliente, dichas operaciones fueron esporádicas y en ningún caso la norma[1].

---

[1] "Report on means to address the human rights impact of pushbacks of migrants on land and at sea", Naciones Unidas (12 de mayo de 2022), https://www.ohchr.org/en/special-proce-dures/sr-migrants/report-means-address-human-rights-impact-pushbacks-migrants-land- and-sea

Esto cambió radicalmente en la primavera de 2020. En marzo de ese mismo año, estalló otra "crisis migratoria" en la frontera greco-turca. Esta vez, el Estado griego se apresuró a calificar de "amenaza asimétrica" a los migrantes que intentaban cruzar la frontera terrestre de Evros y la frontera marítima del Egeo. Este gesto del gobierno griego coincidió con las revueltas de las comunidades locales de las islas del norte del Egeo contra la construcción de centros de detención cerrados, cuyas obras habían comenzado unas semanas antes. Estas movilizaciones acabaron adquiriendo un carácter reaccionario y de extrema derecha, contribuyendo a polarizar el clima político del momento y amplificando las actitudes contrarias a la migración en el debate público griego.

———

En el documento que tienes entre tus manos intentamos ofrecer información práctica sobre las devoluciones en caliente. Porque, a pesar de las decenas de muertes, migrantes desaparecides, las denuncias de organizaciones internacionales, prensa[2] y activistas, la respuesta de las instituciones sigue siendo insuficiente. También es insuficiente la reacción de les habitantes del Egeo nororiental, que saben lo que ocurre en las costas de sus islas y permanecen indiferentes. Creemos que el silenciamiento de este fenómeno y, lo que es peor, su negación por el propio gobierno, requiere, al menos por nuestra parte, una contra respuesta y la necesidad de abrir un debate público generalizado. Por ello, esta publicación trata de explorar el fenómeno de las devolu-

---

[2] Véase, por ejemplo, la investigación de Forensic Architecture (15 de julio de 2022), https://foren-sic-architecture.org/investigation/drift-backs-in-the-aegean-sea; o la investigación de la OLAF que sostiene que Frontex (la Agencia Europea de la Guardia de Fronteras y Costas) ayudó a la Guardia Costera Helénica ocultando operaciones de devoluciones en caliente en curso de las que tenían conocimiento, *Euronews* (14 de octubre de 2022), https://www.euronews.com/my-europe/2022/10/14/ eu-border-agency-frontex-covered-up-illegal-migrant-pushbacks-says-report

ciones en caliente, sus causas y las posibles vías prácticas que pueden contribuir a acabar con ellas. Todo ello a través de las experiencias y el contexto de Lesbos.

El libro comprende una compilación de textos y fanzines aglutinados bajo el título *Devoluciones en caliente. Apuntes desde Lesbos*. Todos ellos fueron publicados originalmente en griego e inglés por la Open Assembly Against Border Violence Lesvos, entre diciembre de 2022 y mayo de 2023.

El capítulo 1, titulado "Cómo Lesbos aprendió a amar las devoluciones en caliente" es una adaptación íntegra del fanzine original *How Lesvos Learned To Love The Pushbacks*. Relata de forma breve y amena los hechos acontecidos en el contexto de Lesbos desde el origen de la llamada "crisis de les refugiades" en 2015, el proceso de radicalización social y de las políticas antimigratorias del gobierno de Nueva Democracia y las resistencias migrantes y respuestas en solidaridad.

El capítulo 2, titulado "La práctica de las devoluciones en caliente", presenta los diferentes tipos de operaciones de devoluciones en caliente llevadas a cabo por la Guardia Costera Helénica. La descripción de las diversas prácticas de devolución en caliente no es exhaustiva, sino que intenta ofrecer una tipología representativa de cada método general. En concreto, se analizan los patrones de estas prácticas en el mar, en tierra y en los casos de abandono de personas en islas deshabitadas.

En el capítulo 3, "Cuestiones jurídicas y vulneración del derecho internacional" se abordan los aspectos jurídicos de las devoluciones en caliente. Expone, por un lado, las medidas que cada Estado está obligado a tomar para impedir la vulneración de los derechos humanos y los compromisos con el derecho internacional, mientras que, por otro, presenta las disposiciones legales que las devoluciones en caliente eluden y vulneran. Al mismo tiempo, se hacen algunas sugerencias para acabar con las mismas dentro del marco jurídico actual.

El capítulo 4, "Aspectos económicos de la industria en torno a las devoluciones en caliente" es un mapeo a pequeña escala que trata de ilustrar las organizaciones que se benefician de la vigilancia de las fronteras y de las operaciones de devoluciones en caliente. Al mismo tiempo, demuestra cómo la estrategia, planes y ambiciones de la Unión Europea están vinculados a sectores privados cuyo objetivo es proveer de material logístico y equipamiento técnico para reforzar el régimen de control fronterizo.

Por último, el capítulo 5, titulado "La criminalización de la solidaridad" incluye un texto escrito por una persona que formó parte del equipo de Rescate Marítimo Campfire, una organización independiente que operó en la costa oriental de Lesbos de 2016 a 2020. Este texto analiza la necesidad de operaciones de Rescate Marítimo independientes en los años previos a 2020, y las prácticas a través de las cuales los movimientos de Rescate Marítimo de organizaciones independientes o institucionales fueron criminalizados por el Estado. Por último, se argumenta que la falta de supervisión del espacio marítimo por parte de organismos independientes, así como la eliminación generalizada de las operaciones de Rescate Marítimo en la isla de Lesbos, permitieron al Estado griego llevar a cabo devoluciones en caliente con total impunidad.

Entre las distintas secciones se intercalan testimonios de personas que sobrevivieron a las devoluciones en caliente de la Guardia Costera Helénica (Aviso de Contenido Sensible).

Estos cuatro últimos capítulos, y los testimonios intermedios, son una adaptación del fanzine original *AGAINST PUSHBACKS. Notes from Lesvos*, publicado también por la Open Assembly Against Border Violence Lesvos en diciembre de 2022.

1.

CÓMO LESBOS APRENDIÓ A AMAR LAS DEVOLUCIONES EN CALIENTE

Lesbos se encuentra a tan sólo 6 millas náuticas de la costa turca, en sus puntos más cercanos. Por ello, siempre ha sido considerado un lugar de cruce fronterizo. Lo que en 2015 se reconoció a nivel internacional como la "crisis de refugiades", allí no era un fenómeno nuevo. la isla había sido una ruta de paso para militantes kurdes, opositores del gobierno turco, gente de Oriente Medio y las personas griegas que huían de Asia Menor en 1922.

En 2015, la isla de Lesbos acaparó la atención europea tras la llegada de miles de personas durante el "verano de la migración". Hasta marzo de 2016, la ruta entre las islas y la península griega permaneció más o menos abierta. La entrada en vigor del Acuerdo UE-Turquía (por el que Turquía se comprometía a impedir la salida de migrantes de sus costas, interceptarles en el mar y aceptar a las personas deportadas de Grecia a cambio de miles de millones de euros) dificultó la llegada de migrantes a la isla, a la vez que las restricciones geográficas limitaban el movimiento desde las islas.

Tanto FRONTEX como la OTAN iniciaron operaciones en las regiones más amplias de las islas desde principios de 2016. Aproximadamente al mismo tiempo, Grecia dio su primer gran paso hacia la criminalización del Rescate Marítimo, presentando cargos por tráfico de personas contra quienes se embarcaban en misiones humanitarias de salvamento. La ruta de los Balcanes a través de Europa se cerró "oficialmente" en 2017. Aunque la gente siguió —y sigue— cruzando la frontera, se hizo más difícil, más peligroso y más caro.

LAS POLÍTICAS MIGRATORIAS DE LA UE CREARON UN SISTEMA DE PRISIONES EN
MÚLTIPLES ASPECTOS: LOS PAÍSES DE PARTIDA, DESDE LOS QUE NO EXISTE
NINGUNA RUTA DE SALIDA "LEGAL", SÓLO VIAJES QUE PONEN EN PELIGRO LA VI

LOS CENTROS DE DETENCIÓN DE LOS ESTADOS FRONTERIZOS COLINDANTES D
EUROPA: TURQUÍA, LIBIA, MARRUECOS

LAS ISLAS DEL EGEO DE LESBOS, QUÍOS, LEROS, KOS Y SAMOS, DONDE LAS
RESTRICCIONES GEOGRÁFICAS LIMITAN QUIÉN TIENE DERECHO A SALIR Y QUIÉN
NO, DEJÁNDOLES EN LISTA DE ESPERA PARA SU POSIBLE REGULARIZACIÓN
DURANTE AÑOS. O TIENES ACCESO A COMPRAR UN BILLETE PARA SALIR DE LA
ISLA-PRISIÓN, O SE TE DESPOJA DE TODO DERECHO Y PODÍAS ACABAR EN UN
FERRY PARA TU DEPORTACIÓN

A la externalización de las fronteras europeas le acompañó un aumento de la "protección" de las "fronteras internas". Cuando Turquía empezó a aumentar el control de sus fronteras, Grecia aplicó también nuevas restricciones a las suyas.

Incluso quienes consiguen llegar a tierra firme acaban en otra prisión, donde las personas migrantes tienen que encontrar la manera de sobrevivir en un Estado cuyas políticas les niegan la posibilidad de trabajar y el apoyo necesario para vivir. Cada día hay que enfrentarse al temor de una detención, de una deportación a Turquía o al país de origen, de vivir en la clandestinidad...

Y, aun así, esta sensación no se acaba nunca. Tampoco cuando se llega al "destino final". El derecho al trabajo está limitado. Tanto para las personas migrantes, como para las siguientes generaciones, que convivirán con el racismo y la discriminación estructural. Al definir quién puede obtener la ciudadanía y quién no, la frontera crea una mano de obra precaria, sin derechos y a menudo invisible entre quienes consiguen entrar a Europa. Esta mano de obra es decisiva para la economía europea. La frontera no afecta a todo el mundo por igual, sino que supone una jerarquización de la ciudadanía. Su verdadero propósito es crear realidades diferentes en lo que respecta a la ley, la administración, el trato policial, los derechos y la libre circulación. Todo ello, en función de la clase social, la nacionalidad, el género, el color de la piel, el destino del viaje, etc.

La UE discrimina entre inmigrantes "deseables" e "indeseables" más allá de sus fronteras físicas. Ha externalizado y deslocalizado una parte importante de la gestión de sus fronteras a otros países, estableciendo procedimientos específicos para los controles fronterizos fuera de su territorio (como la obtención de visados) y delegando la comprobación de documentos en empresas de transporte o funcionarios de otros países. La aplicación de estos procedimientos implica la activación de múltiples controles "a distancia", incluso antes de cruzar físicamente una frontera geográfica (en las embajadas de los países de origen, agencias de viaje, empresas de transporte...).

Después de todo esto, ya no quedan rutas migratorias seguras. Sin embargo, eso no disuade la necesidad de desplazamiento de la gente. Nadie optaría por pagar tarifas desorbitadas para cruzar aguas peligrosas en lanchas neumáticas si tuviera la opción de comprar un billete de avión o ferry. En cambio, el sistema obliga a las personas en movimiento a buscar ayuda en las redes clandestinas. Esto significa que el régimen europeo de gestión de las fronteras está permitiendo la existencia de estas organizaciones delictivas a las que supuestamente pretenden dar caza. Para justificarse, el estado está deteniendo aleatoriamente a las personas que conducen las embarcaciones migrantes, que por lo general viajan también en búsqueda de asilo, inmediatamente después de cruzar. Este grupo de personas representa la segunda categoría más grande de población reclusa en Grecia. Ahora mismo hay más de 2.000 personas acusadas de estos delitos, mientras que las mafias de alto rango casi nunca son capturadas y mucho menos investigadas.

DE LA EXCEPCIÓN AL ESTADO DE EXCEPCIÓN

Como ya se ha mencionado, las políticas migratorias siempre han sido hostiles. Pero cuando en julio de 2019 el partido Nueva Democracia ganó las elecciones y llegó al poder las cosas fueron incluso a peor. El gobierno de derechas implementó una nueva ley sobre migración que creó un bloqueo masivo de personas en las islas del Egeo. Esta ley intentaba establecer que Turquía era un país "seguro" para las personas solicitantes de asilo, lo que supondría desestimar la mayoría de las peticiones por no reunir el requisito básico de necesidad de protección. Mientras estaba pendiente de aprobación, el gobierno decidió no responder a ninguna solicitud de asilo, dejando a las personas atrapadas en las islas, en lugar de trasladarlas a la península. A lo largo de los primeros seis meses del gobierno de Nueva Democracia, la población del campo de Moria se disparó, alcanzando casi las 20.000 personas. En enero de 2020, Nueva Democracia y el gobernador de la región del Egeo Norte, Kostas Moutzouris, intentaron sacar partido del caos que ellos mismos habían creado. El ayuntamiento convocó una huelga general y una manifestación bajo el lema "Queremos recuperar nuestras vidas, queremos recuperar nuestras islas", con la extrema derecha como principal alianza.

Al mismo tiempo que la derecha de la isla se hacía oír, también lo hacían quienes vivían en el campo de Moria. El 2 de febrero de 2020, miles de personas hicieron una manifestación desde el campo contra las condiciones de vida, exigiendo traslados a la península y el fin de las deportaciones. La mayoría de las personas manifestantes fueron bloqueadas de forma violenta en el camino a Mitilene por unidades de la policía antidisturbios, con gases lacrimógenos. Mientras, que unos cientos de personas tomaron carreteras secundarias de la zona rural con el objetivo de llegar a la ciudad. A su vez, la policía les obligó a regresar al campamento y el grupo intentó pasar por el cercano pueblo de Moria, donde una cantidad considerable de residentes locales salió a impedirles el paso. Las campanas de la iglesia sonaron proclamando el estado de emergencia y esa noche el vecindario local celebró una asamblea extraordinaria. Esto supuso un impulso de la actividad de la extrema derecha en la isla, ya que los bloqueos de carreteras y las patrullas callejeras ciudadanas se extendieron durante semanas desde el pueblo de Moria hasta los puntos de entrada y salida de la ciudad de Mitilene, vigilando y agrediendo a las personas migrantes y a todas aquellas que parecieran sospechosas de darles apoyo. Para ser claros, este no fue el primer periodo de incidentes violentos. En abril de 2018, una turba de extrema derecha atacó a migrantes que

protestaban pacíficamente en la plaza Sappho, lanzando explosivos y gritando insultos racistas.

Poco después, el gobierno envió a la policía antidisturbios de la península griega para asegurar la zona donde querían construir un nuevo campamento de refugiades en Lesbos, en la región de Diavolorama. La construcción del campamento suscitó una amplia oposición, tanto de quienes rechazaban los campamentos como espacio inhumano para acoger a migrantes, como de quienes rechazaban directamente la presencia de migrantes. La forma en que el gobierno intentó tomar el control de esta zona con unidades MAT, la policía antidisturbios griega traída de la península, actuando como fuerza de ocupación, provocó una resistencia generalizada por parte de toda la población. Tras dos días de batallas campales en la carretera costera a las afueras de Mantamados, la población local —la mayoría en el bando antimigrante— atacó el cuartel militar de Pagani, donde se alojaban las unidades MAT. Esto provocó su retirada inminente a

Atenas. Tras esta victoria, la extrema derecha puso el foco de atención en les "trabajadores de las ONG", voluntaries y periodistas, a quienes el gobierno había culpado durante meses de la presencia de migrantes en Lesbos. Esto generó que se intensificaran los ataques en la calle y el acoso durante las semanas siguientes.

La tensión volvió a escalar el 1 de marzo de 2020, cuando Erdogan intentó sacar músculo anunciando que las fronteras turcas estaban abiertas para el cruce migratorio. Las personas migrantes se convirtieron en un peón en el juego político entre Turquía y la UE. Mientras tanto, el Comisario europeo, tras crear un nuevo post para "Proteger nuestro modo de vida europeo", anunció que Grecia era ahora "el escudo de Europa". Grecia, bajo la excusa de que los flujos migratorios constituían una "amenaza asimétrica", empezó a utilizar métodos aún más extremos: el asesinato de Mohammed Gulzar por tropas griegas en la frontera de Evros; la suspensión del derecho a solicitar asilo y, por tanto, de la Convención de Ginebra; y la práctica sistemática de devoluciones en caliente. En las semanas siguientes, las personas migrantes que desembarcaban en la isla fueron encerradas en el puerto de Mitilene, detenidas en un buque de guerra o retenidas a la intemperie cerca de su punto de desembarco durante días. Las instalaciones de acogida de migrantes fueron incendiadas. Un grupo de fascistas en Thermi intentó hacer retroceder una lancha neumática al grito de insultos racistas. Durante unos días la isla se convirtió en un nido internacional de fascistas que buscaban proteger su modo de vida europeo. Pronto entendieron que en la isla también había una resistencia antifascista cuando se quedaron con las narices ensangrentadas.

DURANTE ESTOS MESES,
LAS NARRATIVAS NACIONALISTAS
FUERON COGIENDO PESO:

QUE EL PUEBLO GRIEGO, Y EN
PARTICULAR SUS ISLEÑOS DEL
EGEO SEPTENTRIONAL Y LES
HABITANTES DEL PUEBLO DE
MORIA, ESTABAN SITIADES

QUE GRECIA ESTABA SIENDO
ATACADA POR TURQUÍA, SU
ENEMIGO ACÉRRIMO.

QUE LAS PERSONAS MIGRANTES
SUPONÍAN UNA AMENAZA
DEMOGRÁFICA Y CULTURAL
PARA ESTA POBLACIÓN "SITIADA"

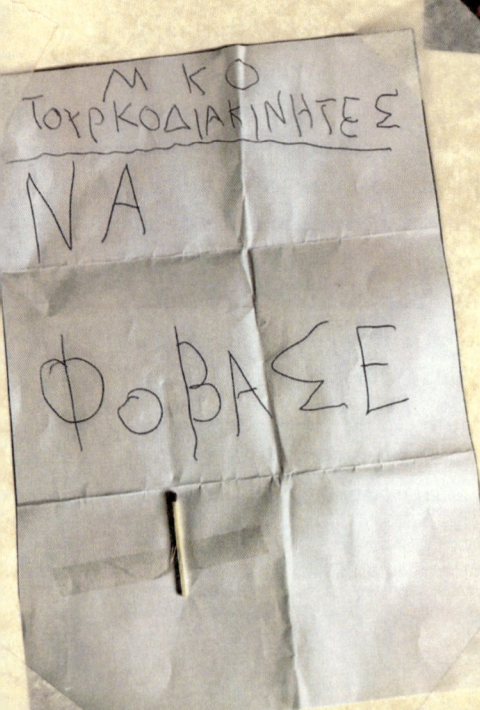

QUE SU LLEGADA CONTABA CON LA AYUDA DE
UN ENEMIGO INTERNO, TRAFICANTES HACIÉNDOSE
PASAR POR TRABAJADORES DE ONG

Y QUE GRECIA, EL ESCUDO DE EUROPA, DEBÍA
ESTAR PREPARADA PARA TOMAR MEDIDAS EXTREMA
PARA DETENER LOS FLUJOS MIGRATORIOS
ENVIADOS POR ERDOGAN

CUANDO LA "CIUDADANÍA" REACCIONARIA EMPEZÓ
A TOMAR CARTAS EN EL ASUNTO, TAMBIÉN
DECIDIERON HACERLO LA POLICÍA Y LA GUARDIA
COSTERA, SOBREPASANDO LOS LÍMITES DE LO
HASTA ENTONCES SE CONSIDERABA ACEPTABLE.

A mediados de marzo de 2020 comenzó en Grecia el confinamiento debido al Covid-19. Mientras que para la población general las medidas se fueron suavizando con el tiempo, las personas migrantes que vivían en el campo de Moria se enfrentaban a un encierro permanente. Para quienes vivían allí, estaba claro que el encierro no tenía que ver con su salud, sino con retenerles y aislarles. El campamento estaba extremadamente superpoblado y las condiciones de vida, que nunca fueron aceptables, empeoraron aún más a medida que aumentaban las tensiones. Durante estos meses, les habitantes de los pueblos vecinos controlaron la salida de migrantes del campo: uno disparó a un hombre por la espalda por cruzar su campo; otro persiguió a una persona migrante fuera de sus tierras utilizando maquinaria industrial; un incendio fue provocado en un local abandonado okupado por migrantes; las infraestructuras del campamento fueron atacadas con el fin de impedir la apertura de un nuevo centro médico... La gente del pueblo empezó incluso a cazarse entre ellos: un agricultor disparó a su vecino tras confundirlo con un migrante.

En septiembre de 2020 el campamento de Moria fue incendiado. Esa misma noche, quienes huían del campamento fueron acosades y atacades en las calles de Moria. Algunas de las personas locales bloquearon la carretera e hicieron retroceder a la gente hacia las llamas. A pesar de la magnitud del incendio, no hubo víctimas, que sepamos. Moria resurgió de sus propias cenizas: en pocas semanas se construyó la estructura "temporal" de Mavrovouni y la gente, tras pensar de forma esperanzadora que iba a ser evacuada de la isla, fue encerrada de nuevo. Seis jóvenes afganos fueron acusados de provocar el incendio. Notis Mitarakis, ministro de Migración y Asilo, declaró en la CNN que "el campamento fue incendiado por seis refugiados afganos que fueron detenidos", declarándolos culpables incluso antes de que se celebrara el juicio. Estos jóvenes, los 6 de Moria, fueron el chivo expiatorio del fracaso de la política migratoria europea.

Las tensiones en la isla se han calmado desde entonces. Algunas de las personas responsables de las agresiones ahora se arrepienten de

haberse ganado la etiqueta de "fascistas". Otras se alegran de que el Estado haga lo que ellas habían deseado desde el principio. Un nuevo campamento en Vastria, que se supone abrirá a finales de 2023[1], es ahora ampliamente aceptado, incluso por quienes antes se oponían.

---

[1] En agosto de 2023 se ha hecho pública la aceptación de un recurso medioambiental en contra de la apertura de Vastria. Al mismo tiempo el ministro de migración de Nueva Democracia aseguró que Vastria estará en funcionamiento en primavera de 2024. NdE.

El campamento de Vastria se está construyendo en medio de la nada, en un bosque de pinos con alto riesgo de incendios forestales. Responde a la exigencia de la extrema derecha paneuropea de que las personas migrantes, en caso de que lleguen a Europa, deben mantenerse escondidas y sin acceso a la sociedad.

Todo esto abonó el terreno para que crímenes de Estado como las devoluciones en caliente sean aclamadas (o como mínimo toleradas) como una medida necesaria.

ACIST EUROPE GIVES COMMANDS OAST GUARD HAS BLOOD ON ITS HANDS

*Flyer encontrado en las calles de Mitilene durante 2021. En él se puede leer
"La Europa racista de las órdenes. La Guardia Costera tiene sangre en sus manos"*

¿QUIÉNES ENTRE NUESTROS VECINOS SON ASESINOS?

Las devoluciones en caliente ya se practicaban antes incluso de que comenzara la llamada crisis de les refugiades. Sin embargo, bajo el gobierno de Nueva Democracia se han convertido en una herramienta común de la gestión migratoria. El Estado griego niega explícitamente las devoluciones en caliente al mismo tiempo que afirma que, hipotéticamente, su uso sería legítimo, porque el objetivo es "proteger las fronteras nacionales y europeas por todos los medios necesarios". Si se miente, es en beneficio de la población europea, para que puedan dormir con tranquilidad por las noches. Pero al mismo tiempo, las devoluciones en caliente envían un mensaje muy directo a quienes pretenden entrar en la UE: ni se os ocurra intentarlo.

Hablar de devoluciones en caliente en la región del Egeo supone referirse a secuestros violentos de personas por mar o por tierra:

En el medio del mar, un barco de la GCH, a menudo con el apoyo de Frontex, intercepta una embarcación con migrantes en aguas griegas y la empuja a aguas territoriales turcas. A veces recogen a las personas en pequeñas embarcaciones y las abandonan en botes salvavidas hinchables

En tierra, las autoridades persiguen a las personas migrantes escondidas en los bosques de las islas, las detienen, a veces les roban, las golpean o las esposan, antes de abandonarlas en el mar en balsas hinchables para que, con suerte, les recoja la Guardia Costera Turca. Las familias rotas se rompen aún más: las criaturas son separadas de sus progenitores (conocemos casos de madres y padres que permanecieron en Lesbos mientras sus hijes eran deportades de vuelta a Turquía, o viceversa), o miembros de la familia se pierden en el mar.

Hemos visto gran número de prácticas violentas. Se ha abandonado a personas en islas deshabitadas. Aunque esto ocurre sobre todo en los islotes de la frontera del río Evros, también ha habido informes de personas que han sido abandonadas en islas deshabitadas del Egeo. Incluso se ha arrojado a personas directamente al mar, normalmente sin chalecos salvavidas y a veces esposadas. Al menos tres personas han muerto por este método.

Estas prácticas tienen un factor común: niegan el derecho a pedir asilo y otros derechos fundamentales mediante el uso de la violencia. Las devoluciones en caliente son violencia *per se*. Pero que se den al margen de la ley ha generado que quienes las efectúan se sientan con la libertad de alimentar sus propios impulsos sádicos sin temor a represalias. Por ejemplo, algunas personas que fueron devueltas en caliente describen:

1. Que les restregaron la cara contra el cadáver de un perro muerto y les preguntaron "¿te gusta estar en Europa ahora?",
2. que desnudaron a las mujeres delante de todo el grupo, acosándolas e incluso violándolas,
3. que fueron desnudadas y abandonadas,
4. que recibieron brutales palizas,
5. que recibieron descargas eléctricas,
6. y otro sinfín de prácticas destinadas a humillar a las víctimas y divertir a los agresores.

Mientras tanto, la violencia extrema también sirve para aterrorizar a la gente con el fin de disuadir a más personas de intentar viajar.

Aunque existen pruebas abrumadoras de la existencia de los "devoluciones en caliente", hay muchas preguntas sin respuesta sobre quién las lleva a cabo. Desconocemos su identidad organizativa concreta: ¿Son un grupo paramilitar? ¿Son los propios guardacostas? Sabemos que FRONTEX y los guardacostas griegos están al tanto y que participan. Sabemos que se ha extorsionado a las personas migrantes para que colaboren en algunas devoluciones en caliente.

Un ejército de personas con pasamontañas, que se mueve entre las sombras, no teme mostrar sus armas a la población local, ni a la policía, que no interviene. Convivimos con ellos.

Flyer encontrado en la ciudad de Mitilene en 2022. En él se puede ver un dibujo de un guardacostas encapuchado y la frase "¿Quién de ellos ha matado?".

EL MERCADO NEGRO DEL RÉGIMEN DE FRONTERAS

El régimen fronterizo es muy rentable. En primer lugar, la frontera requiere tecnología: vigilancia, vallas, embarcaciones, armas y otros equipos, como los botes salvavidas utilizados en las devoluciones en caliente. Además del personal necesario para manejar todo esto. A menudo, las mismas empresas que proporcionan este material también participan en los conflictos políticos que desestabilizan los países de los que huyen las personas migrantes.

El más barato de todos estos equipos son los infames botes salvavidas. Según la Guardia Costera Turca, en los dos primeros meses de 2023, se calcula que se utilizaron 56 botes salvavidas en devoluciones en caliente. Estos botes salvavidas cuestan más de 1.000 euros cada uno. Lalizas, una de las empresas que las vendía, habría recibido más de 56.000 euros en dos meses. Podemos suponer que la GCH tiene un buen descuento por la compra a granel, pero en cualquier caso se esmeran en recortar gastos abarrotándolos de gente (triplicando el número de personas que pueden ir a bordo de forma segura), o arrojando a las personas directamente al mar, si son pocas y un bote salvavidas no parece merecerles la pena.

El régimen fronterizo también crea una economía sumergida en torno a la frontera. Por ejemplo, con el contrabando, que justifica una mayor inversión en el control de las fronteras. Incluso los agentes de policía sacan tajada. Los robos de dinero, teléfonos móviles y cualquier tipo de objeto de valor que lleven consigo las personas migrantes son una práctica habitual y una paga extra regular. Según una investigación, la policía habría robado entre 2,2 y 2,8 millones de euros en los últimos seis años a personas en movimiento durante las redadas sólo en la región de Evros, según un cálculo aproximado. Sabemos que esto también ocurre en las islas.

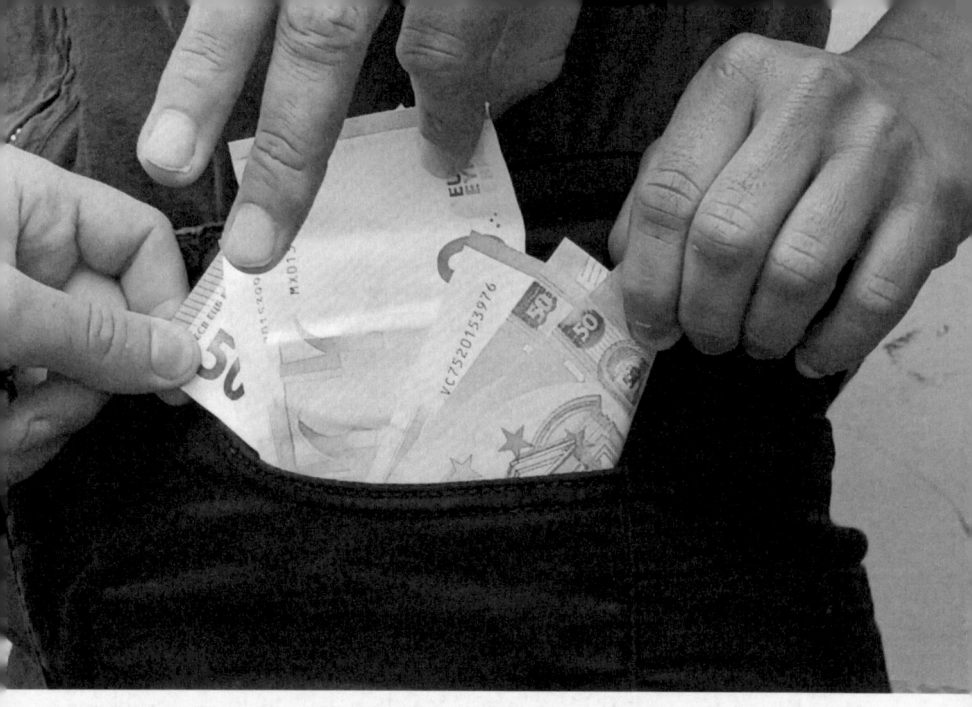

El régimen fronterizo es claramente rentable, pero el beneficio económico no es su único objetivo. Para dar credibilidad e integridad a sus políticas de migración y asilo, las instituciones europeas destinan miles de millones de euros a fortificar las fronteras y demonizar la migración irregular. Los Estados miembros declaran que la migración es una amenaza para la soberanía, la identidad y la seguridad nacional. El uso de esta retórica no es una nueva moda o tendencia política. Viene a reforzar la dinámica que ha acompañado al proceso de integración en Europa. Desde los Acuerdos de Schengen (1985), el control de las fronteras exteriores ha estado estrechamente vinculado a "salvaguardar la seguridad interior y a la protección de la comunidad europea frente a las amenazas exteriores". La vinculación de la inmigración a una "amenaza exterior" no es casual y tiene graves consecuencias: mientras las autoridades presenten la inmigración como una "amenaza", no tendrán que dar explicaciones sobre las irregularidades en los procesos de expulsión de personas migrantes, ni la vulneración de los derechos humanos que sufre este colectivo.

VIVIENDO EN UNA ESCENA DEL CRIMEN

No basta con criticar las prácticas evidentemente inhumanas de Orban, Meloni y Mitsotakis. Tenemos que entender que la militarización de las fronteras y los centros de detención rodeados de vallas, de alambre de espino, son por definición incompatibles con los derechos humanos. Las propuestas de Salvini no son diferentes de lo que el "progresista" Pedro Sánchez hizo en Melilla en 2022 enviando al ejército a atacar a personas desarmadas. Las fronteras son intrínsecamente discriminatorias, herramientas racistas. Por eso el discurso de los partidos progresistas europeos respecto a la gestión de las fronteras tiene dos caras. La elección está tomada: a no ser que apoyes la libertad de movimiento, tienes que apoyar el régimen fronterizo y sus políticas de seguridad paranoicas y militaristas. Es hora de una resistencia que vaya más allá de los matices.

Las devoluciones en caliente no sólo afectan a las personas en movimiento. Hay que preguntarse qué hace a una sociedad vivir en el escenario de un crimen, que a la vez niega.

Imagen del puerto de Mitilene con un buque de la GCH de fondo y una pegatina en la que se puede leer "Las devoluciones en caliente son asesinatos"

OS MIENTEN
ESCARADAMENTE, PERO
EMOS LAS PRUEBAS A
UESTRO ALREDEDOR:
OS COCHES SIN MATRÍCULA
UE ATRAVIESAN LOS PUEBLOS
OSTEROS EN MITAD DE LA
OCHE, LOS INMIGRANTES
SPOSADOS EN LOS BOSQUES
LOS CADÁVERES QUE
EGAN A LAS COSTAS.

LA VIOLENCIA HA SIDO
ACEPTADA COMO
UNA NECESIDAD Y
EL RECUENTO DE
ASESINATOS ES
CONSIDERADO EN
NUESTRA ISLA COMO EL
PRECIO A PAGAR POR UNA
VIDA TRANQUILA.

ESTAS POLÍTICAS
MIGRATORIAS CONFORMAN
LA SOCIEDAD EN LA
QUE VIVIMOS. IGNORAR
LAS DEVOLUCIONES EN
CALIENTE, ES NORMALIZAR
LA VIOLENCIA EXTREMA Y
ACEPTAR QUE EL FASCISMO
SE CUELE EN LA VIDA
COTIDIANA.

La situación en las fronteras es siniestra. Mientras que se tortura y secuestra a personas delante de nuestras narices, nosotres nos encontramos en el punto de tener que demostrar que las devoluciones en caliente existen. Hemos realizado charlas informativas e intervenciones en espacios públicos, distribuido octavillas, pegado carteles en todas las paredes de la ciudad, publicado textos y organizado manifestaciones. Toda la isla debería saberlo ya. Aun así, la gente prefiere ignorar los hechos, ya que, en el caso de reconocerlos, tendrían que actuar. Y poca gente está dispuesta a dar el paso. Por el momento, tan sólo algunas organizaciones legales, junto a una gran ONG médica protegida por su reputación y peso político, intentan ayudar a las personas que llegan. Ni las ONG ni las personas particulares se arriesgan a ser criminalizadas. Incluso muches de nuestres "compañeres de lucha" no consideran el tema lo suficientemente importante. Hay quienes creen que la lucha en torno a la migración es una cuestión humanitaria, no política, e ignoran que la violencia generalizada en las fronteras es una de las mayores expresiones del fascismo actual.

Luchar contra las devoluciones en caliente es luchar contra la opresión del Estado.

Luchar contra las devoluciones en caliente es luchar contra la autoridad.

Luchar contra las devoluciones en caliente es luchar contra el fascismo.

Esto tiene que ser un asunto central de nuestros movimientos.

Entonces, ¿qué podemos hacer?

Open Assembly Against Border Violence Lesvos. Mayo 2023

2.

LA PRÁCTICA DE LAS DEVOLUCIONES EN CALIENTE

ANATOMÍA DE LAS DEVOLUCIONES EN CALIENTE

Hay tantos tipos de devoluciones en caliente como personas que intentan cruzar a Grecia. Y aunque la experiencia de cada persona es diferente, podemos encontrar similitudes en las formas en las que las autoridades las llevan a cabo. Las siguientes descripciones se basan en información que han dado las personas supervivientes de las devoluciones en caliente. No se trata en absoluto de una lista exhaustiva de las prácticas de devolución, sino más bien de una descripción de las prácticas generales más comunes. Las devoluciones en caliente en la región del Egeo se dividen en dos categorías diferentes: en el mar y desde tierra.

1. Devoluciones en caliente en el mar

Las devoluciones en el mar se dan cuando un buque de la Guardia Costera Helénica (GCH) o de Frontex intercepta en aguas griegas una embarcación con personas en movimiento que se dirige a Grecia y la devuelve a aguas territoriales turcas. El hilo de los acontecimientos en estos casos suele ser algo así:

► El buque de la GCH despliega una RHIB (por sus siglas en inglés, Rigid-Hulled Inflatable Boat) una pequeña lancha motora de plástico. En estos casos, los policías a bordo de la RHIB suelen empezar gritando a las personas en movimiento que detengan su embarcación. En los casos en que las personas en movimiento deciden no detener la embarcación, los agentes a bordo de la RHIB utilizan sus armas (apuntando con pistolas a las personas en movimiento) como forma de intimidación para obligarlas a detener la embarcación. A veces, como estas personas ya han sufrido otras deportaciones en caliente previamente, lo cual suele ser bastante traumático, deciden dar marcha atrás por sí mismas.

Sin embargo, en la mayoría de los casos, uno de los agentes de policía suele abordar la embarcación de las personas en movimiento con el objetivo de arrojar el motor al agua. Durante este proceso, el agente suele gritar a las personas a bordo que mantengan la cabeza agachada y, a continuación, procede a cortar los conductos de combustible y a arrojar el motor y el depósito de gasolina al agua. A continuación, el mismo policía que está a bordo ata a la embarcación una cuerda al buque de la GCH. A continuación, el buque de la GCH remolca a las personas desplazadas hasta aguas turcas y las suelta allí, dejándolas a la deriva hasta que llegan las autoridades turcas para rescatarlas.

Imagen de la RHIB de la GCH

▶ Otra práctica habitual consiste en que la GCH obligan a las personas en movimiento a subir a su embarcación y, a continuación, rompen la embarcación en la que viajaban. A continuación, los agentes proceden a registrar a las personas y a llevarse sus pertenencias, incluidos teléfonos, dinero y documentos. Tras habérselo quitado todo, les obligan a subir a los botes salvavidas y los abandonan en aguas turcas.

Imagen de dos botes salvavidas (probablemente de la GCH) con gente a la deriva en aguas turcas (Guardia Costera Turca)

▶ En los casos en que la GCH no lleva una RHIB y sólo dispone de un buque Lambro suelen proceder de forma distinta. En estas ocasiones, algunas personas supervivientes de devoluciones en caliente han relatado que la policía utilizó un palo largo de madera para golpear el motor de su embarcación hasta que la rompieron. También utilizan a menudo este palo para golpear a las propias personas que van a bordo.

▶ Estas no son las únicas formas en que se llevan a cabo las devoluciones en caliente en el mar. Hay muchas otras experiencias de personas que se enfrentaron a una violencia física brutal por parte de las autoridades. Las personas supervivientes han denunciado devoluciones en caliente en las que la GCH ha perforado su embarcación mientras observaba cómo luchaban por mantenerse a flote, para rescatarles en el último momento y luego utilizar los botes salvavidas para devolverles en caliente. También ha habido denuncias de que las autoridades han utilizado armas de fuego reales para disparar al agua junto al bote como forma de intimidación. Otra maniobra que se ha denunciado varias veces es cuando los buques de la GCH hacen giros bruscos a gran velocidad alrededor de las personas en movimiento con el objetivo de desestabilizar su embarcación.

▶ También hay devoluciones en caliente que se tildan de "no violentas", ignorando el hecho de que las devoluciones son intrínsecamente violentas de por sí. Estos casos suelen darse cuando la GCH y la Guardia Costera Turca se enfrentan entre si ante las personas en movimiento. Después de haber sufrido devoluciones en caliente, o de haber oído la experiencia de otras personas, no es raro que quienes se desplazan den media vuelta al ver una embarcación de la GCH. En algunos casos, la Guardia Costera Turca espera en el lado turco de la frontera y la embarcación de las personas en movimiento queda atrapada, con embarcaciones de guardacostas a ambos lados. Esta situación conduce a menudo a un caso de no asistencia, en el que ambas embarcaciones de la Guardia Costera permanecen a ambos lados de las personas en movimiento durante horas, mientras éstas se desplazan de un lado a otro, a la espera de que alguna de las fuerzas de la Guardia Costera, griega o turca, entre en acción. Estos enfrentamientos pueden alargarse durante horas.

2. Devoluciones en caliente desde tierra

En los casos en que las personas en movimiento llegan a las islas, las devoluciones en caliente siguen un proceso diferente:

▶ Al llegar por tierra, es habitual que las personas en movimiento intenten esconderse en los bosques y montañas. Cuando las autoridades se percatan de la llegada, comienzan a registrar la zona. Las prácticas habituales durante estos registros incluyen el uso de unidades K9, así como el uso de armas de fuego. Se han llegado a ver a diferentes unidades en misiones de búsqueda, entre ellas la policía secreta, servicios de operación especial, la GCH y el ejército.

▶ Cuando las autoridades encuentran a las personas en movimiento, estas son detenidas y transportadas en un vehículo (normalmente una furgoneta negra sin matrícula ni ninguna señalización que la identifique) a algún tipo de instalación. El proceso varía mucho en función de la hora y del lugar donde se encuentre a las personas. Es frecuente que estas personas acaben en calabozos. Algunas personas han declarado que, estando allí, se les ha informado de que se les encerrará en el norte de Lesbos, y después se les llevará al campo de Kara Tepe. Hay varias denuncias de que en estos calabozos los agentes registran exhaustivamente a las personas retenidas y les roban sus pertenencias. Si se resisten, los agentes les agreden. A continuación, las personas son trasladadas en un autobús de la GCH (similar a los autobuses utilizados por la policía griega) a un tercer lugar en el que se encuentra un pequeño embarcadero. Las personas denuncian que les atan las manos con cables antes de obligarles a subir a bordo de uno de los dos buques de la GCH que allí les esperan. Allí suele haber una segunda embarcación dotada de varios botes salvavidas inflables ya preparados. Se les obliga a subir a la embarcación y a sentarse en la parte trasera mirando al suelo mientras la otra embarcación transporta los botes salvavidas. Los agentes agreden a quienes levanten la mirada del suelo. Una vez que el buque de la GCH llega a aguas turcas, se obliga a las personas a subir a los botes salvavidas. En ocasiones, les quitan las ataduras de las manos. En otras no. La gente acaba quedando a flote de los botes salvavidas durante horas antes de ser rescatada por la Guardia Costera Turca.

▶ Los botes salvavidas no siempre se utilizan. En 2021 se registraron varios incidentes en los que las personas fueron lanzadas directamente al mar, lo que provoca que puedan morir ahogadas. En septiembre de 2021, dos personas de Costa de Marfil y Camerún fueron secuestradas por la policía griega en Samos. Según un superviviente del incidente, fueron conducidos al medio del Egeo, golpeados y arrojados directamente al mar sin botes ni chalecos salvavidas. Los dos murieron y sus cuerpos aparecieron en la costa turca[1].

▶ Las agresiones hacia las personas en movimiento por parte de las autoridades siguen patrones bastante aleatorios. Si bien estas agresiones se

---

[1] Katy Fallon, "Es una atrocidad contra la humanidad", *The Guardian* (17 de febrero de 2022), https:// www.theguardian.com/global-development/2022/feb/17/its-an-atrocity-against-humankind-greek-pushback-blamed-for-double-drowning

vinculan en ocasiones a la resistencia de las órdenes dadas por las autoridades, en la mayoría de las declaraciones más recientes no existe relación entre la resistencia y las agresiones físicas violentas que ejercen las autoridades. Al preguntar a una persona que sufrió una devolución en caliente por qué las autoridades les agredieron físicamente en unos casos y no en otros, su respuesta fue: "dependiendo de su estado de ánimo".

3. Abandono de personas en islas deshabitadas

▶ Otra práctica denunciada por las personas que sobreviven a las devoluciones en caliente es que se les abandone en islas deshabitadas. Esta práctica se conoce sobre todo en el río Evros, donde se abandona a la gente después de una devolución en caliente en los islotes griegos. Sin embargo, también hay declaraciones de personas abandonadas en islas deshabitadas del Egeo. En estos casos, la GCH arroja a las personas al mar sin bote salvavidas cerca de una pequeña isla a la que puedan llegar nadando.

▶ También ha habido un par de declaraciones de personas retenidas en Farmakonisi. Dicen haber sido retenidas en el interior de una base militar y haber sido torturadas durante días. Entre las torturas que sufrieron relatan simulaciones de ahogamiento, palizas y privación de sueño.

TESTIMONIO DE
UNA MUJER DE ETIOPÍA

CUANDO SALÍ DE MI PAÍS, ERA CONSCIENTE DE QUE PODÍA SER MALTRATADA EN TURQUÍA. Y EFECTIVAMENTE, NO FUE FÁCIL. PERO PENSÉ QUE LOS HERMANOS Y HERMANAS GRIEGOS (YA QUE TENEMOS LA MISMA RELIGIÓN) NOS TRATARÍAN COMO PERSONAS QUE BUSCAN PROTECCIÓN. O AL MENOS COMO SERES HUMANOS. ESTABA MUY EQUIVOCADA. EN LA ESCUELA APRENDIMOS TODO SOBRE LA HISTORIA GRIEGA, LA CULTURA, INCLUSO A LEER GRIEGO ANTIGUO. NO FUE UNA ELECCIÓN, PERO CUANDO COMPRENDÍ QUE TENDRÍA QUE IR A GRECIA ME EMOCIONÉ AL PENSAR EN ESE PAÍS CON EL QUE ME SENTÍA TAN CONECTADA.

PERO LO QUE VIVÍ EN GRECIA ME ROMPIÓ EL CORAZÓN. NOS TRATARON COMO ANIMALES. PEOR QUE A ANIMALES. NOS PEGARON, NOS ROBARON, NOS ABANDONARON EN EL MAR EN UNA PEQUEÑA BARCA HINCHABLE. INCLUSO ME OBLIGARON A DESNUDARME, ME REGISTRARON, ME AMENAZARON CON VIOLARME, ME RESTREGARON LA CARA CONTRA EL CADÁVER DE UN ANIMAL MUERTO EN EL SUELO. ¿CÓMO PUEDEN TRATAR ASÍ A LOS SERES HUMANOS Y PRETENDER SER CRISTIANOS? NO ME MALINTERPRETEN, DESPUÉS DE VIVIR SIETE DEVOLUCIONES EN CALIENTE, CUANDO POR FIN LLEGUÉ A GRECIA, CONOCÍ A BUENA GENTE, PERO LO QUE ME HIZO LA GUARDIA COSTERA ES INDESCRIPTIBLE. NUNCA PODRÉ OLVIDAR ESTA TORTURA.

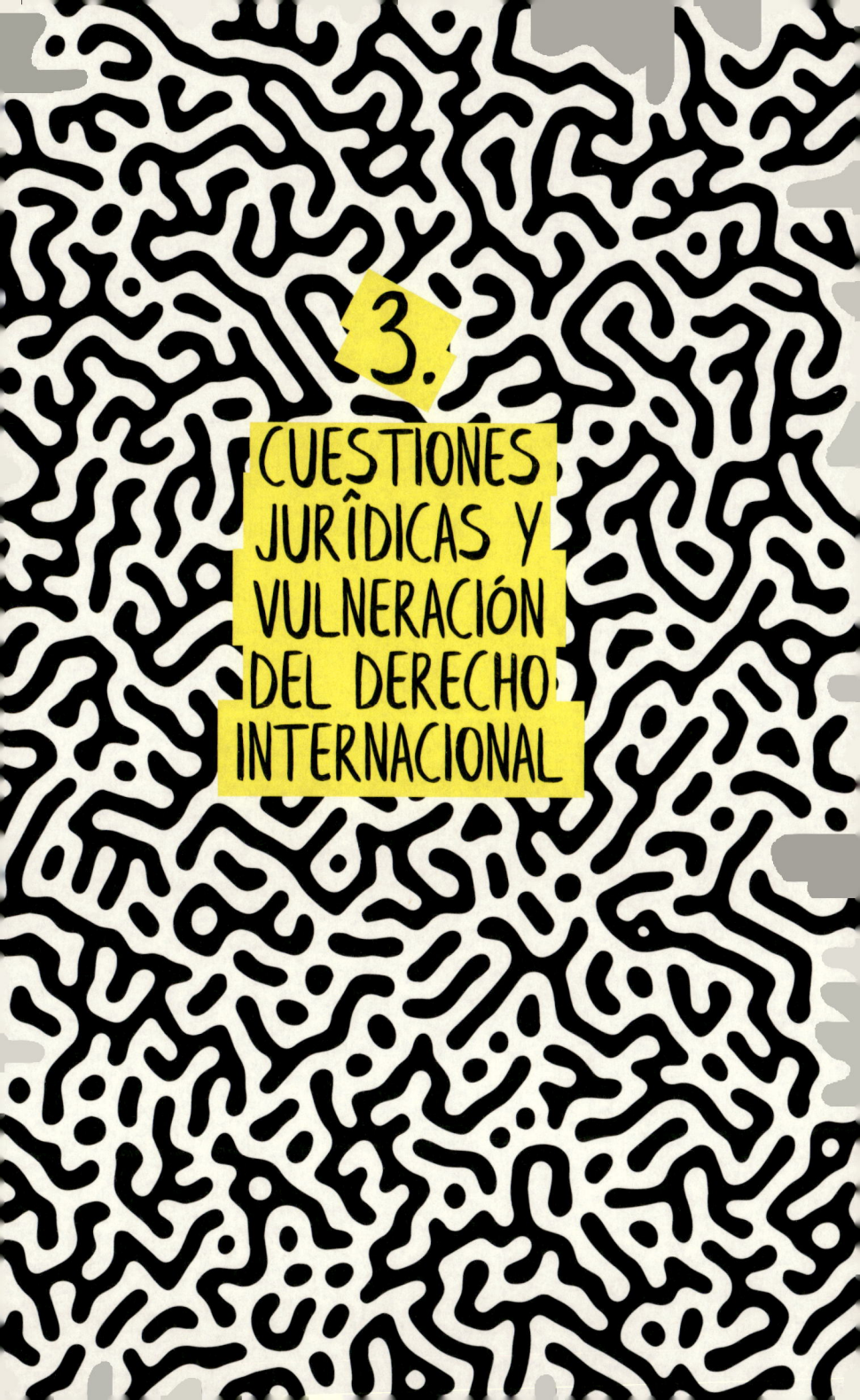

3.

CUESTIONES JURÎDICAS Y VULNERACIÓN DEL DERECHO INTERNACIONAL

ASPECTOS JURÎDICOS DE LAS DEVOLUCIONES EN CALIENTE

A continuación, describiremos brevemente los aspectos jurídicos de las devoluciones en caliente. En primer lugar, analizaremos los principios jurídicos generales que ilustran por qué toda devolución en caliente constituye una vulneración del derecho internacional. En segundo lugar, los retos y dificultades que supone el uso de la ley para acabar con las devoluciones en caliente, lo que funciona y lo que no. Como cuestión inicial, nos gustaría aclarar que no consideramos la ley, ya sea nacional, internacional o de derechos humanos, como un principio moral o absoluto que aspiramos a defender. Sin embargo, creemos que es un tema interesante de debate. Especialmente cuando se monitoriza el incumplimiento de los gobiernos de sus propias leyes —y, en este caso, su negación de la práctica de las devoluciones en caliente—. Y, en paralelo, nos sirve para examinar las diferentes tácticas y herramientas que podemos utilizar con el fin de desmantelar estas prácticas políticas.

DEVOLUCIONES EN CALIENTE: UNA VULNERACIÓN DEL DERECHO INTERNACIONAL

Previamente hemos descrito las devoluciones en caliente en el mar y en tierra (véase el capítulo 2). Si una persona llega a Lesbos, está claro que ha entrado en territorio griego y que, por tanto, Grecia está obligada a cumplir la normativa internacional que se ha comprometido a respetar. Pero, ¿cómo es la situación si esto ocurre el mar?

En general, las aguas situadas a menos de 12 millas náuticas de la costa se consideran aguas territoriales del Estado en cuestión. En el Egeo, la distancia entre Turquía y Grecia es, en la mayoría de los casos, inferior a esas 12 millas náuticas (en Grecia, las aguas territoriales están a menos de 6 millas de la costa). Por tanto, cerca de Lesbos no hay aguas internacionales: las aguas territoriales de Grecia y Turquía son fronterizas. Si las personas que se desplazan entran en aguas nacionales griegas, también entran en territorio griego. Grecia está sujeta a la misma normativa internacional que en tierra.

Las devoluciones en caliente (o "expulsiones colectivas", como las denomina el derecho internacional) en aguas nacionales, así como de las de personas en movimiento que han desembarcado en las islas, son ilegales. Como mostraremos a continuación, vulneran numerosas leyes y tratados. En su conjunto, la política de devoluciones en caliente —que supone un ataque sistemático y generalizado contra las personas migrantes— constituye crímenes contra la humanidad.

IMPUNIDAD

Tras estas aclaraciones jurídicas, nos surge una pregunta: ¿cómo es posible que se aplique sistemáticamente una práctica que vulnera tan claramente la legislación internacional y nacional?

En primer lugar, para llevar un incidente ante los tribunales se necesita a alguien que se querelle. Esto significa que las personas afectadas tienen que querer iniciar un proceso judicial. En ocasiones, la gente quiere emprender acciones legales, pero otras veces no. A veces no quieren arriesgarse porque quieren intentar llegar de nuevo a Grecia. Otras simplemente quieren pasar página.

DERECHO A NO SUFRIR TORTURAS NI TRATOS INHUMANOS O DEGRADANTES	▶ Convenio Europeo de Derechos Humanos (CEDH), artículo 3; ▶ Carta de los Derechos Fundamentales de la Unión Europea (CDFUE), artículo 4; ▶ Constitución griega; ▶ Artículo 7, apartado 2.	Vulnerado mediante la detención de personas en condiciones inhumanas, sin acceso a alimentos, agua, refugio o instalaciones higiénicas; mediante el ejercicio de violencia, tanto física como psicológica hacia las personas migrantes; ofreciendo falsas ilusiones de rescate; y mediante el abandono de personas en el mar, poniendo en grave riesgo sus vidas.
EL PRINCIPIO DE NO DEVOLUCIÓN	▶ Convención de 1951, artículo 33; ▶ Convenio Europeo de Derechos Humanos (CEDH), artículo 3; ▶ Carta de los Derechos Fundamentales de la Unión Europea (CDFUE), artículo 19, apartado 2; ▶ Código de fronteras Schengen, artículos 3 y 4; ▶ Ley griega 4636/2019 Artículos 21, 38(1) de la Directiva de Procedimientos de Asilo.	Vulnerado al expulsar a personas del territorio griego sin identificarlas ni registrarlas individualmente y, por tanto, impidiéndoles la solicitud de asilo en Grecia. Vulnerado al exponer a las personas migrantes a un riesgo de devolución "en cadena" o "indirecta", mediante su expulsión a Turquía, donde podrían ser expulsados a un país en el que su vida o su libertad correrían peligro.

EL DERECHO A ASILO	▶ Artículo 14 de la Declaración Universal de los Derechos Humanos; ▶ Convención sobre los Refugiados de 1951; ▶ Carta de los Derechos Fundamentales de la Unión Europea (CDFUE), artículo 18.	Vulnerado al denegar el acceso a los procedimientos de demanda de asilo a las personas migrantes que llegan a territorio griego, ya sea por mar o por tierra, independientemente de las circunstancias en que cruzaran la frontera.
EL DERECHO A LIBERTAD Y SEGURIDAD	▶ Convenio Europeo de Derechos Humanos (CEDH), artículo 5; ▶ Carta de los Derechos Fundamentales de la Unión Europea (CDFUE), artículo 6; ▶ Constitución griega Artículo 6.	Vulnerado al detener sistemáticamente a personas migrantes, ya sea en centros de detención no oficiales en las islas griegas, en furgonetas o en buques nacionales, sin haber dictaminado ninguna orden de detención o expulsión, y sin proporcionar ninguna información sobre los motivos o la duración de la detención de las mismas.
EL DERECHO AL RECURSO JURÍDICO	▶ Convenio Europeo de Derechos Humanos (CEDH), artículo 13; ▶ Carta de los Derechos Fundamentales de la Unión Europea (CFRUE), artículos 19 y 47; ▶ Constitución griega, artículo 20.	Vulnerado al poner deliberadamente a las personas supervivientes en una situación en la que no tienen en ningún momento acceso a denunciar cualquier vulneración de sus derechos. Esta es la verdadera razón de las expulsiones colectivas.

EL DERECHO A LA NO DISCRIMINACIÓN	▶ Convenio Europeo de Derechos Humanos (CEDH), artículo 14; ▶ Carta de los Derechos Fundamentales de la Unión Europea (CDFUE), artículo 21; ▶ Constitución griega, artículo 5, apartado 2; ▶ Todos los tratados internacionales de derechos humanos.	Vulnerado al focalizar acciones específicas a las personas migrantes que entran en Grecia e imponerles una diferencia de trato injustificada, probablemente basada en su perfil racial, origen nacional y estatus migratorio, y basada en la discriminación social, estructural e institucional hacia las personas migrantes en Grecia.
DEBER DE SALVAMENTO MARÍTIMO	▶ Convención de las Naciones Unidas sobre el Derecho del Mar (CNUDM), artículo 98; ▶ Ley griega 2321/1995 (Φ.Ε.Κ 136, τ. Α', artículo 98; ▶ MSC 78/26/Add.2 ANEXO 34 Par. 2.5, 6.12-6.13, 6.17 y 6.20; ▶ Decreto Presidencial 137/2007 (Φ.Ε.Κ 174/A` 31.7.2007) ANEXO 3.	Las autoridades griegas están obligadas a "prestar asistencia a cualquier persona que se encuentre en el mar en peligro de perderse". Lejos de cumplir con su obligación, las autoridades griegas atacan a las personas migrantes en el mar, las detienen en tierra y las abandonan en embarcaciones no aptas para la navegación en medio del mar. Otros actores, como Frontex y la OTAN, también incumplen flagrantemente su obligación de prestar asistencia a las personas que se encuentran en peligro en el mar, presenciando o participando directamente en devoluciones en caliente.

RESPONSABILIDAD POR AYUDA Y COMPLICIDAD EN LA COMISIÓN DE DELITOS	▶ Principios Rectores sobre las Empresas y los Derechos Humanos de las Naciones Unidas, Principio 17; ▶ Ley griega 4619/2019 (Código Penal), artículo 47.	Los botes salvavidas han desempeñado un papel decisivo en la realización de las devoluciones en caliente —lejos del uso original para el que están diseñados—. Dada la fama que rodea al uso de botes salvavidas para perpetrar estos delitos en el Egeo, las empresas proveedoras de estos botes salvavidas a la GCH están proporcionando de forma consciente "ayuda práctica" para la comisión de estos delitos, siendo penalmente responsables.

Los cargos penales sólo se mantienen si se presentan contra sujetos individuales, es decir, a uno o varios agentes concretos de la Guardia Costera y no a toda la institución. En el caso de las devoluciones en caliente, cuando la acción ilegal forma parte de una estrategia política, es de esperar que la autoridad estatal competente lleve a cabo investigaciones penales pertinentes.

RETOS Y DIFICULTADES A LA HORA DE ACABAR CON LAS DEVOLUCIONES EN CALIENTE BAJO EL MARCO LEGAL

La brevedad de los plazos (3 meses en los tribunales nacionales y 4 meses en el Tribunal Europeo de Derechos Humanos) significa que las personas supervivientes de las devoluciones en caliente a menudo no pueden presentar una demanda antes de que se acabe el plazo.

En cualquier caso, reunir pruebas suficientes para esclarecer los hechos de una devolución en caliente es muy difícil, si no imposible, debido a la forma en que estas se llevan a cabo. A menudo se roban los teléfonos de las personas afectadas, junto con las fotos o comunicaciones que podrían haber servido para demostrar que se produjo la devolución.

El requisito del Tribunal Europeo de Derechos Humanos de que una persona agote los recursos internos en los tribunales nacionales, da al TEDH una excusa para desestimar casos sin examinar si Grecia violó o no la ley.

Pero lo más importante es que, si una persona consigue presentar sus demandas ante un tribunal, se enfrenta a un sistema judicial politizado —nacional e internacional—, que tiende a desestimar los casos de devoluciones en caliente o a buscar excusas para las acciones perpetradas por los gobiernos. Al fin y al cabo, los propios tribunales están creados para reforzar los actuales sistemas de poder. Por ejemplo, en dos decisiones del Tribunal Europeo de Derechos Humanos, el tribunal dictaminó que no había vulneración de derechos por parte del Estado cuando las personas expulsadas habían cruzado la frontera ilegalmente. El absurdo razonamiento del tribunal fue que, como las personas habían infringido la ley al cruzar la frontera, habían puesto en peligro sus propias vidas[1].

---

[1] "Investigation - Pushbacks in Melilla: ND and NT v. Spain", Forensic Architecture (15 de junio de 2020), https://forensic-architecture.org/investigation/pushbacks-in-melilla-nd-and- nt-vs-spain; y "Case Report: Pushbacks at the Greek-North Macedonian border vio-lating human rights", European Centre for Consititutional and Human Rights (abril de 2022), https://www.ecchr.eu/fileadmin/Fallbeschreibungen/Case_report_Idomeni_April2022. pdf

¿QUÉ FUNCIONA?

En Lesbos, una forma eficaz de parar las devoluciones en caliente antes de que se produzcan es contar con la presencia de testigos. Ha habido muchos ejemplos en Lesbos en los últimos años en los que algunas personas encontraron o fueron al encuentro de nuevas llegadas, y estuvieron con ellas antes de que llegaran las autoridades. En todos estos casos, las personas no fueron devueltas a Turquía al momento. Por supuesto, esto no está exento de riesgos. El gobierno recurre a amenazas de persecución por tráfico de personas para impedir que la gente intervenga. Grecia tiene una ley específica contra el tráfico de personas, que podría utilizarse fácilmente contra quienes presten ayuda a las personas migrantes (véase el capítulo 5 de esta publicación). A pesar de esta dura amenaza, la mayoría de las personas que han presenciado llegadas y, *de facto*, han impedido devoluciones en caliente, no han sido procesadas.

También se han denunciado ante el Tribunal Europeo de Derechos Humanos varios casos de devoluciones en caliente de Grecia a Turquía, que el Tribunal ha decidido estudiar.

El Tribunal Europeo de Derechos Humanos también ha admitido a trámite varias peticiones de emergencia presentadas por personas que acababan de llegar a Grecia y corrían el riesgo de ser devueltas. En los casos presentados por personas que habían llegado a través de la frontera de Evros, aunque el tribunal consideró que existía un riesgo y ordenó a Grecia que garantizara los derechos de esas personas, éstas fueron devueltas igualmente. En el Egeo ha habido más éxito, ya que las personas que presentaron demandas de este tipo no fueron expulsadas.

AFIRMAN QUE LES ARROJARON AL MAR, A UNOS 100 METROS DE LA ISLA. "¡NINGUNO DE NOSOTROS SABÍA NADAR!", PROCLAMA EL ENTREVISTADO. "LLORÁBAMOS Y NADÁBAMOS, NADÁBAMOS Y LLORÁBAMOS". FINALMENTE LLEGARON A LA ISLA, QUE ESTABA COMPLETAMENTE DESHABITADA. "¡NO HABÍA NADA, NI SIQUIERA ÁRBOLES!". DURANTE TRES DÍAS, LOS CUATRO HOMBRES ESTUVIERON ATRAPADOS EN ESTA PEQUEÑA ISLA. "TENÍAMOS TANTA HAMBRE Y SED QUE BEBÍAMOS AGUA DEL MAR Y COMÍAMOS RAMAS DE LOS ARBUSTOS".

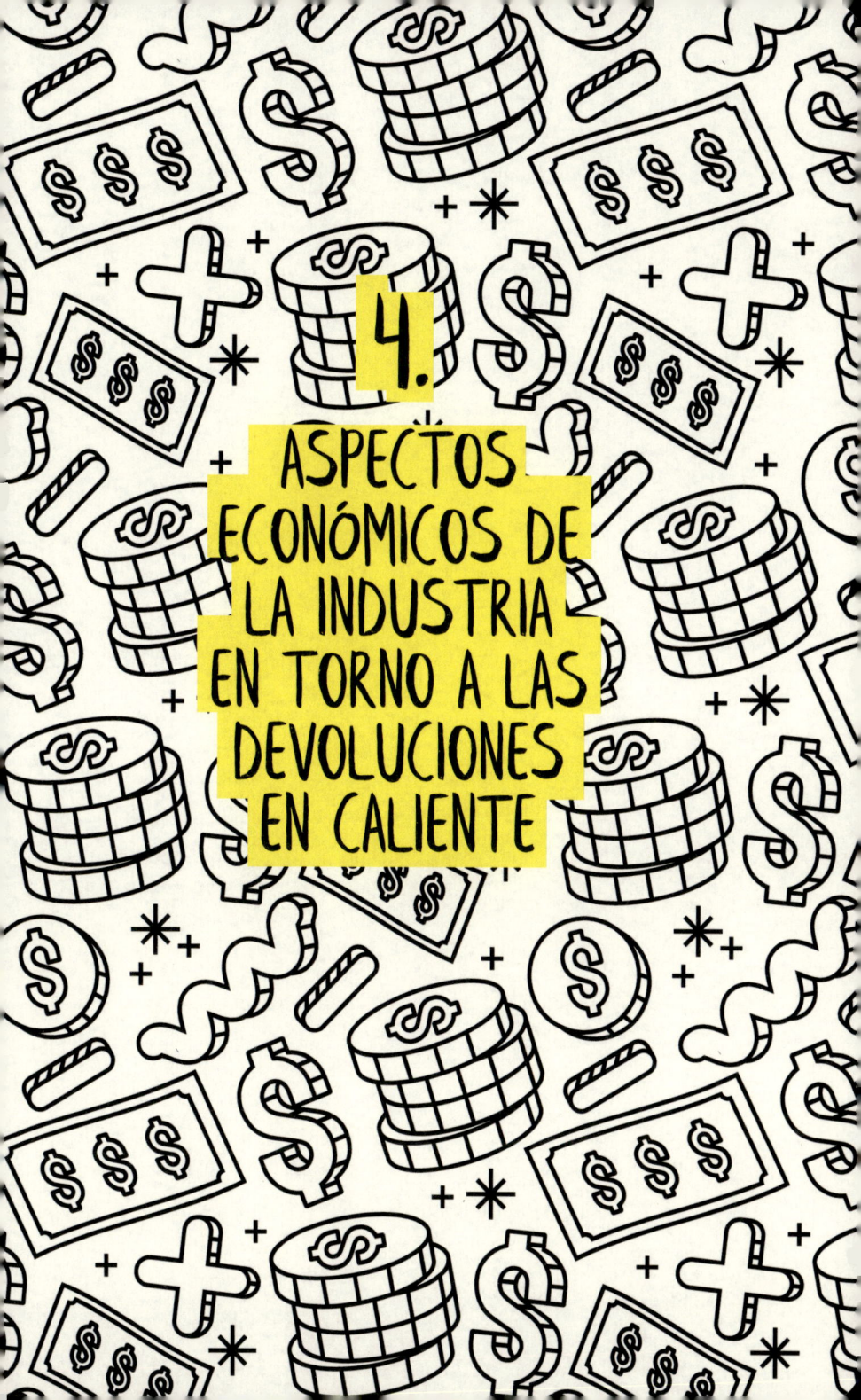

4.

ASPECTOS ECONÓMICOS DE LA INDUSTRIA EN TORNO A LAS DEVOLUCIONES EN CALIENTE

PRESUPUESTO MILITAR Y EN SEGURIDAD PARA LA PROTECCIÓN DE LAS FRONTERAS

La Unión Europea presentó sus nuevos presupuestos para el periodo 2021-2027, que ponen de manifiesto su compromiso con la militarización y las políticas antimigración. En el presupuesto, el gasto militar y de seguridad de la UE aumentará un 123%, hasta un total de 43.900 millones de euros, frente a los 19.700 millones del periodo entre 2014 y 2020.

La UE obtiene dinero para estos presupuestos de varias maneras. La forma más común y visible es el IVA (Impuesto sobre el Valor Añadido), que toda la ciudadanía de la UE paga por los productos que se venden en la propia UE. Los Estados miembros aportan también una parte de sus ingresos fiscales, en función de su Renta Nacional Bruta anual. Otras fuentes son más variables, como las multas y sanciones impuestas a empresas que incumplen las normas de la UE, los impuestos de los salarios del personal de la UE, los intereses bancarios y las contribuciones de terceros países.

A juzgar por los informes publicados[1], sería acertado afirmar que hasta 2027 la UE seguirá políticas más orientadas a la vigilancia y la

---

[1] Véase "At what cost? Funding the EU's security, defence, and border policies, 2021-2027", Transnational Institute y Statewatch (abril de 2022), https://eubudgets.tni.org/wp-content/uploads/2022/05/At-what-cost-Statewatch-TNI.pdf

seguridad, en todos los aspectos de la gobernanza. La respuesta actual de la UE a la migración consiste en reforzar la "Europa Fortaleza". Los fondos que se enumeran en la Figura 1 (véase más abajo) y sus respectivos incrementos se dedican casi exclusivamente a distintos aspectos de la protección de las fronteras. Pero, al mismo tiempo, fondos como el Fondo de Seguridad Interior también se destinan a "prevenir y combatir el terrorismo y la radicalización, la delincuencia grave y organizada, asistiendo y protegiendo a las víctimas"[2].

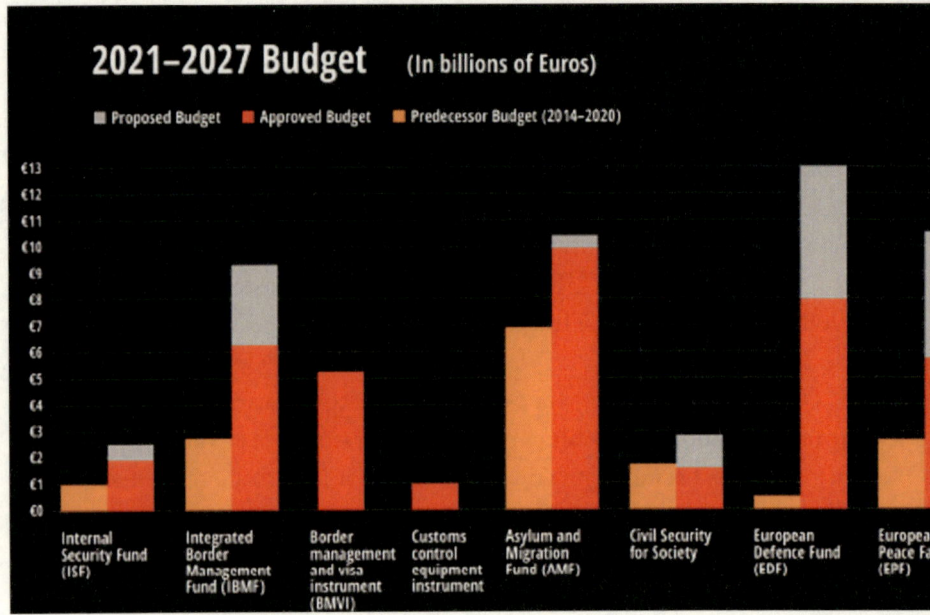

Presupuesto 2021-2027

Los presupuestos totales previstos para todos estos fondos (el Fondo de Asilo y Migración, el Fondo de Seguridad Interior, el Fondo para la Gestión Integrada de las Fronteras, el Fondo de Seguridad

---

[2] Ibid.

Civil para la Sociedad, el Fondo Europeo de Defensa y el Fondo Europeo de Apoyo a la Paz) ascienden a un total de 43.900 millones de euros. Paralelamente, la financiación que se dedicará a derechos fundamentales, valores y justicia será sólo de unos 1.400 millones de euros.

Llama la atención que no haya ni un solo fondo dedicado a poner en marcha operaciones de Rescate Marítimo realmente eficaces en el mediterráneo central, o ni siquiera a ayudar a los programas ya existentes. En relación a estas cuestiones, sólo se menciona el "control de los flujos migratorios irregulares"[3]. Las causas profundas de la migración y sus remedios no se mencionan en ningún momento.

PARTICIPACIÓN E INTERESES DE LAS EMPRESAS PRIVADAS

Fabricantes de armas, lobbies empresariales, centros de investigación y empresas consultoras también están muy involucradas —con fines lucrativos— en las políticas represivas relacionadas con la violencia fronteriza. Un ejemplo notorio sería McKinsey & Co., que participa en numerosos proyectos relacionados con la violencia y vigilancia fronteriza en todo el mundo. El caso más famoso es el de McKinsey, encargado de redactar el marco general para el acuerdo UE-Turquía[4], que allanó el camino para la externalización de las fronteras de la UE a través de países adyacentes como Marruecos, Túnez, Libia, Egipto, Jordania, Armenia, Georgia, Azerbaiyán y Moldavia. Por su trabajo en este ámbito, la UE paga a Turquía casi 1.000 millones de euros al año y ofrece alrededor de 4.000 millones de euros a países en posi-

---

[3] Ibid.

[4] "Asylum outsourced: McKinsey's secret role in Europe's refugee crisis", Balkan Insight (22 de junio de 2020), https://balkaninsight.com/2020/06/22/asylum-outsourced-mckinseys-se- cret-role-in-europes-refugee-crisis/

ciones similares para que detengan la migración en sus fronteras. En concreto, McKinsey recibió 992.000 euros de la Oficina Europea de Apoyo al Asilo por su consulta y participación en la redacción del marco general para el acuerdo UE-Turquía.

Frontex, el cuerpo de control de fronteras de la UE, celebra eventos exclusivos para lobbies empresariales de la industria de la seguridad, con quienes trabajan mano a mano para promover "soluciones" basadas en elementos de última tecnología, que van desde la vigilancia biométrica hasta las tecnologías armamentísticas. Es obvio que estos intereses empresariales no son partes neutrales, sino que en última instancia ejecutan la perspectiva de Frontex sobre el control fronterizo de acuerdo con sus intereses, beneficiándose de estas contrataciones públicas. Mientras tanto, Frontex no ofrece ningún tipo de transparencia o mecanismos de responsabilidad ante estos lobbies.

De 2017 a 2019, Frontex se reunió con 138 organizaciones privadas, de las cuales 108 eran empresas, 10 centros de investigación y gabinetes estratégicos, 15 universidades (incluido el Centro de Investigación y Tecnología de Hellas) y 1 ONG. Las empresas europeas de defensa Airbus y Leonardo fueron con quienes más contacto tuvieron, con cinco reuniones cada una de ellas. Con la empresa de ciberseguridad Gemalto hicieron cuatro reuniones durante ese periodo. Posteriormente, Gemalto fue adquirida por el grupo Thales, que participó en tres reuniones más con Frontex[5].

Por encima de todas los demás, debido a la naturaleza de "la financiación de la Europa Fortaleza", las empresas armamentísticas y militares son los que más se benefician de sus políticas. Además, empresas como Thales han estado proporcionando a la UE investigación y desarrollo, tecnología militar y asesoramiento en políticas de defensa. Thales es el octavo mayor proveedor de defensa del mundo y generó 16.200 millones de euros en 2021. Ha suministrado sistemas de vigi-

---

[5] "Frontex Files", *ZDF Magazin Royale* (agosto de 2023) https://frontexfiles.eu/en.html

lancia y equipos militares a Frontex desde su creación, así como a los mecanismos de protección fronteriza de los distintos Estados de la UE[6]. Thales también ha recibido financiación del Fondo Europeo de Defensa y del Fondo Europeo para la Paz, así como del Fondo para la Gestión Integrada de las Fronteras, ya que también ha sido la compañía encargada de diseñar los sistemas de control fronterizo dentro y fuera de la UE.

Otro ejemplo de empresas que se han beneficiado del Fondo Europeo de Defensa es Airbus. Como empresa de aviación civil, Airbus ha estado especialmente implicada en las deportaciones por vía aérea, pero también ha suministrado equipos militares (principalmente drones de vigilancia) a organismos como Frontex y a las unidades de la policía de fronteras de los Estados miembros (en concreto, a las diferentes Guardias Costeras).

En cuanto a Frontex, recientemente se ha sabido que participa en operaciones de devoluciones en caliente por mar y por tierra[7].

EL VERDADERO ORIGEN DE LAS DEVOLUCIONES EN CALIENTE: EL EJEMPLO DEL DAMEN GROUP

Damen Group es una empresa holandesa de defensa, construcción naval e ingeniería centrada principalmente en la industria naval, que suministra desde buques portacontenedores hasta fragatas militares.

El Damen Group ha suministrado buques militares a países de África Occidental como Senegal, Nigeria, Guinea y Sierra Leona. En

---

[6] "Thales reports its 2021 full-year results", Thales Group (3 de marzo de 2022), https://www.thalesgroup.com/en/group/investors/press_release/thales-reports-its-2021-full-year-results

[7] "Frontex at fault: European border force complicit in 'illegal' pushbacks", Bellingcat (23 de octubre de 2020), https://www.bellingcat.com/news/2020/10/23/frontex-at-fault-euro- pean-border-force-complicit-in-illegal-pushbacks/

el marco del "Programa Regional de Pesca para África Occidental"[8], la pesca ha sido prohibida o ilegalizada para las comunidades locales de la costa de África Occidental y, en su lugar, la practican empresas multinacionales que sobreexplotan las poblaciones de peces para elaborar productos como la harina de pescado, un producto derivado del pescado que se suministra a otros animales como alimento. El Damen Group también ha provisto de materiales a la de Guarda Costera o a buques de defensa naval de estos Estados.

Como consecuencia de esta sobreexplotación multinacional, un número considerable de personas se han visto desplazadas interna y externamente. Los datos sugieren que más de 7 millones de personas dependen de estas comunidades pesqueras como fuente de alimentos y trabajo, pero desde 2010 alrededor de 2 millones de personas han sido desplazadas internamente debido a la falta de acceso a estas pesquerías. Se calcula que el 20% de esta población ha intentado o intentará cruzar a la UE en busca de asilo[9].

El Damen Group también ha suministrado buques militares a Grecia durante aproximadamente 60 años. Entre los últimos buques que ha suministrado se encuentra el buque insignia de la Guardia Costera Helénica "ΛΣ - 090", estacionado en Lesbos.

---

[8] Véase "West Africa Regional Fisheries Programme", Comisión Subregional de Pesca, http://spcsrp.org/en/west-africa-regional-fisheries-program-warfp http://spcsrp.org/ es/west-africa-regional-fisheries-program-warfp

[9] Véase, por ejemplo, "How Europe's dark fishing fleets threaten West Africa", Engineering and Technology (10 de marzo de 2021), https://eandt.theiet.org/content/articles/2021/03/europe-s-dark-fishing-fleets-in-west-africa-s-waters/; "African migration trends to watch in 2022", Africa Centre for Strategic Studies (17 de diciembre de 2021), https://africacenter.org/ spotlight/african-migration-trends-to-watch-in-2022/; "The sea is dead: how fishing and migration collide on Tunisia's shores", The New Humanitarian (14 de septiembre de 2020), https://www.thenewhumanitarian.org/news-feature/2020/09/14/Tunisia-fishing-mi- gration-smuggling; "Nations join forces to fight illegal fishing in Gulf of Guinea", Africa Defence Forum (25 de enero de 2022), https://adf-magazine.com/2022/01/nations-join- forces-to-fight-illegal-fishing-in-gulf-of-guinea/

Podemos concluir que este ejemplo de empresas como el Damen Group no sólo suministran tecnologías militares que los Estados utilizan para llevar a cabo devoluciones en caliente, sino que también contribuyen a las causas que generan la migración en determinados países. Las comunidades pesqueras locales de África Occidental no se verían potencialmente desplazadas de sus territorios si no fuera por el provecho que sacan estas empresas multinacionales. Existe un círculo vicioso que conecta la forma en la que se obtienen estas ganancias, con el origen de los flujos migratorios, con las devoluciones en caliente a personas migrantes. La rentabilidad está asegurada por todos los lados. Pero no son los únicos que se benefician de este modelo de negocio. Existen multitud de empresas, además de las mencionadas en este artículo, que se están forrando a costa de hacer imposible la vida de millones de personas en sus territorios. La tecnología armamentística, la investigación y el desarrollo financiados por fondos de la UE y algunas empresas privadas, están generando las condiciones a escala mundial que fuerzan a la gente a tener migrar.

POCO DESPUÉS DE SUBIR AL BARCO, LOS HOMBRES FUERON DESNUDADOS A LA FUERZA Y LES QUITARON EL DINERO. DESNUDOS, UNO A UNO, FUERON REGISTRADOS POR LOS AGENTES MIENTRAS ERAN INSULTADOS Y GOLPEADOS DE FORMA VIOLENTA. LOS AGENTES TAMBIÉN ACOSABAN A LAS MUJERES Y LES TOCABAN EL CUERPO. NO LAS OBLIGABAN A DESNUDARSE, PERO LES ORDENABAN QUE SE PUSIERAN DE PIE Y LUEGO {LOS AGENTES} LES TOCABAN EL CUERPO. LA PERSONA ENTREVISTADA EXPLICÓ QUE ALGUNAS DE LAS MUJERES GRITABAN MIENTRAS LES TOCABAN EL CUERPO Y QUE LOS AGENTES LAS GOLPEABAN MIENTRAS LES DECÎAN QUE SE CALLARAN.

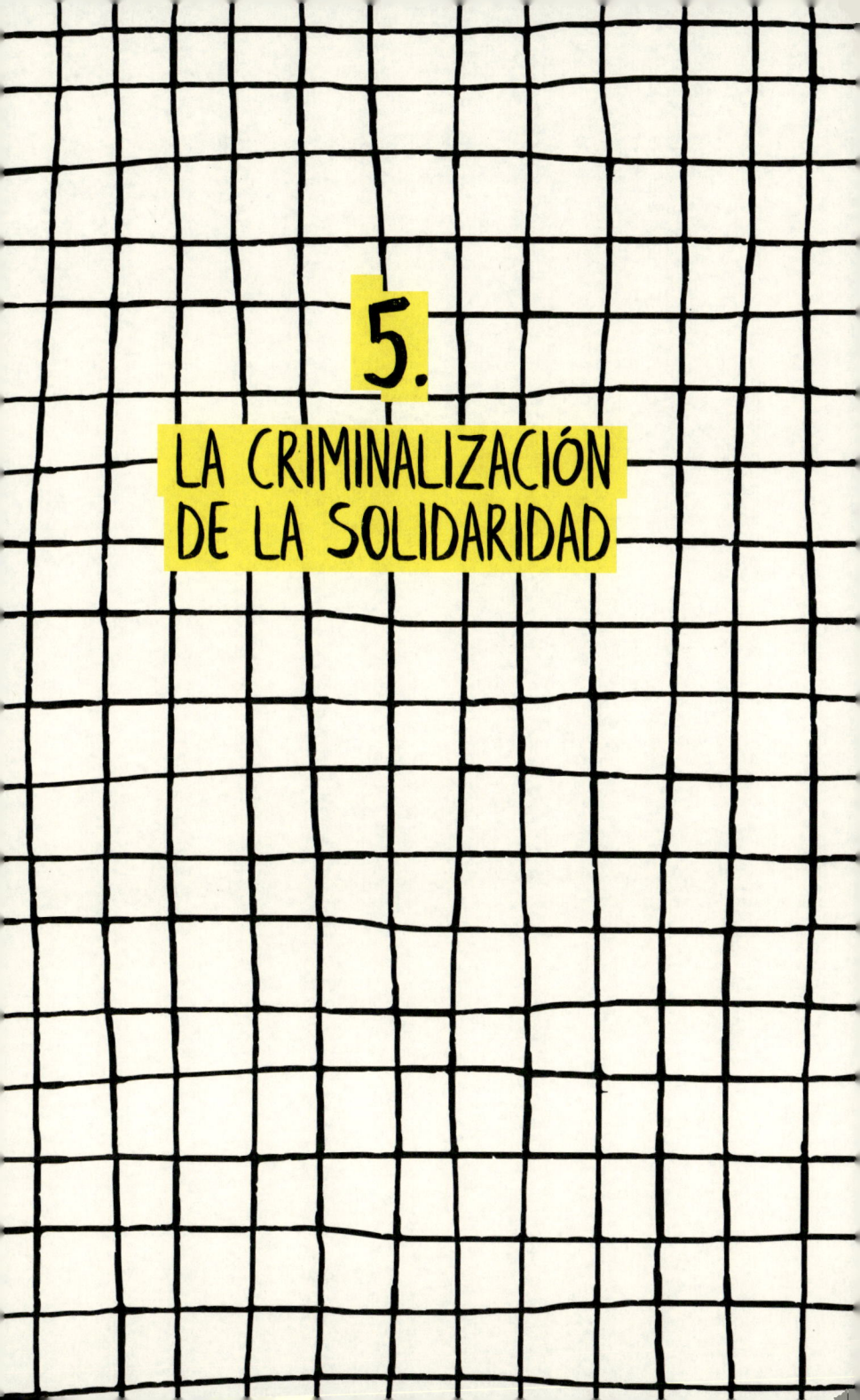

5.
LA CRIMINALIZACIÓN DE LA SOLIDARIDAD

EL FIN DEL RESCATE MARÎTIMO EN LESBOS Y EN EL MAR EGEO

En 2015, las operaciones de Rescate Marítimo (*Search and Rescue, SAR*) en la isla de Lesbos fueron llevadas a cabo principalmente por la población local. A principios de 2016, cuando la llamada crisis de les refugiades seguía presente en las mentes y los medios de comunicación europeos, varias ONG y grupos de Rescate Marítimo operaban en Lesbos. Todas estaban organizadas bajo el paraguas general de ACNUR, la Agencia de la ONU para los Refugiados, y trabajaban en estrecho contacto con la Guardia Costera Helénica. Esta cooperación no siempre era agradable, pero era necesaria y posible. La GCH llevaba a cabo devoluciones en caliente de vez en cuando, pero entonces no era la práctica generalizada que es a día de hoy. Si la GCH se encontraba con una embarcación migrante, recogían a las personas a bordo y las llevaban al puerto de Mitilene. En los años posteriores, después de que ACNUR pusiera fin a su presencia, si una embarcación llegaba a tierra (normalmente con la ayuda de alguna ONG y otras organizaciones) también acogían a las personas, las montaban en sus autobuses y las llevaban al campamento.

Lo que es evidente es que la presencia de ONG y organizaciones independientes salvó muchas vidas. Casi todas las personas que llegaban recibían asistencia de emergencia.

Desde el principio, grupos autoorganizados se dedicaron al Rescate Marítimo, junto con las ONG, las cuales tenían una estructura jerárquica al estilo más tradicional. Por lo general, estos grupos patrullaban la costa en busca de embarcaciones en alta mar que transportaban migrantes desde la costa de Turquía, una actividad conocida como "avistamiento".

En aquellos días entre 2016 y 2020, según nuestra experiencia, el contacto con las autoridades era generalmente neutro. Algunos policías se mostraban desagradables a más no poder, mientras que otros se alegraban bastante de nuestra presencia y se mostraban amables, tanto con nosotres como con las personas que llegaban a las costas.

CARGOS POR TRÁFICO DE PERSONAS E INICIO DE LA CRIMINALIZACIÓN

El primer caso de criminalización se produjo el 14 de enero de 2016 cuando, en plena noche, unas personas voluntarias recibieron el aviso del posible naufragio de un grupo de migrantes que intentaban llegar a Grecia. Tres miembros de Proem-AID, una ONG de Rescate Marítimo española formada por socorristas profesionales, decidieron buscar la embarcación que se hundía junto con voluntaries de otra ONG. Como de costumbre, llevaban su uniforme de rescate con cascos de seguridad.

Tras un tiempo razonable en el mar buscando la embarcación perdida y potencialmente naufragada con un foco de largo alcance, consideraron que la operación no había tenido éxito y decidieron regresar a la costa. De repente, un gran barco de las autoridades griegas les pidió que se reunieran con ellos en la oficina de la GCH para proceder a un registro regular.

Una vez en comisaría, los tres bomberos españoles voluntarios de Proem-AID fueron interrogados y detenidos bajo la acusación de intento de tráfico/contrabando de personas y posesión de armas (una herramienta de corte parecida a un cúter o navaja obligatoria en los uniformes de rescate).

Tras tres días detenidos, los bomberos fueron puestos en libertad tras pagar una fianza (5.000 euros cada uno) por un delito pendiente de juicio.

Casi dos años y medio después, y con unos cargos que podían conllevar una condena de 20 años de cárcel por tráfico de personas, por fin se celebró el juicio. Tras un breve juicio, los voluntarios fueron absueltos de todos los cargos.

"Es obvio que las autoridades griegas tienen un interés colosal en determinar que se trata de tráfico de seres humanos o intento de tráfico, ya que esto disuadiría a la gente de hacer lo mismo", dijo el abogado del Sr. Aldeen, que fue acusado junto a los bomberos españoles. *"Nunca creímos que los intentos de acabar con el Rescate Marítimo humanitario fueran a acabar aquí y teníamos razón"*[1].

Hay que señalar que, en el momento del juicio, sólo quedaban unas pocas ONG trabajando en la costa.

Con el acuerdo UE-Turquía de 2016, que convirtió a Lesbos y otras islas del Egeo en centros de retención de migrantes mientras se tramitaban sus procedimientos de asilo, la mayoría de ellas desaparecieron, ya que el número de llegadas se redujo y la "crisis" dejó de estar en la cabecera de los medios de comunicación.

Aun así, en la isla podía haber meses en los que llegaban hasta 3 embarcaciones a la semana, mientras que en otros no llegaba ninguna. Desde Campfire, nunca nos planteamos dejar de dar apoyo, a pesar de que las llegadas se redujeran. Teníamos claro que la gente necesitaba ayuda urgente para evitar muertes en la orilla. Además, Campfire era un grupo autoorganizado y no seguía las reglas capitalistas de las

---

[1] "Volunteers who rescued migrants are cleared of charges", New York Times (7 de mayo de 2018), https://www.nytimes.com/2018/05/07/world/europe/greece-migrants-volun-teers.html

grandes ONG. Nunca colaboró con los medios de comunicación ni con grandes fondos.

En ese momento todavía había dos grupos operando en la costa norte y en el sur éramos otros dos grupos, Campfire y Emergency Response Centre International (ERCI), una ONG griega. En agosto de 2018, de repente, dos voluntaries de ERCI fueron detenides[2].

Las acusaciones contra Sarah Mardini y Sean Binder eran duras: tráfico de personas, blanqueo de capitales e incluso espionaje. Más tarde fueron detenides más miembros de ERCI.

Tras las detenciones, entre ellas la del director oficial de ERCI, Karakitsos, la policía griega emitió un comunicado el 28 de agosto en el que alegaba que Mardini y Binder se encontraban entre las 6 personas griegas y 24 extranjeras de varias organizaciones cómplices de delitos relacionados con "redes organizadas de tráfico de migrantes" con conocimiento de los "flujos específicos de refugiados", sin haberlas identificado previamente.

Entre estas personas acusadas no identificadas me encontraba yo.

¿De dónde viene esta acusación? La policía empezó a investigar a Mardini y Binder en febrero, tras detenerles cuando habían aparcado un todoterreno propiedad de ERCI en un lugar que utilizaban habitualmente para localizar embarcaciones de refugiades. Las autoridades griegas conocían el lugar y controlaban sistemáticamente a las personas voluntarias para asegurarse de que estaban registradas bajo las normas del Ministerio de Migración (en un intento de frenar el "voluntariado humanitario" en las islas, una política que dictaba que todas las personas voluntarias debían estar registradas a través de una ONG reconocida por el Ministerio de Migración). La policía dijo que el coche tenía matrículas militares falsas ocultas bajo las matrículas civiles legales, y detuvo a Mardini y Binder durante 48 horas. A

---

[2] "Greece: Emblematic search and rescue trial to begin", Amnistía Internacional (16 de noviembre de 2021), https://www.amnesty.org/en/latest/news/2021/11/greece-emblemat- ic-search-and-rescue-trial-to-begin/

continuación, la policía obtuvo órdenes judiciales para acceder a sus teléfonos móviles y ordenadores.

El 26 de julio, la policía publicó un informe de 86 páginas en el que se detallaban las acusaciones contra elles y otras personas utilizando información obtenida de sus *smartphones*, principalmente mensajes de texto de un grupo de WhatsApp creado por ACNUR para la coordinación entre agentes humanitarios.

La fiscalía acusó a Mardini y Binder de ser traficantes que facilitaban el transporte y la entrada ilegal de personas a Grecia. Sin embargo, ERCI siempre había entregado a las autoridades griegas a todas las personas rescatadas en el mar o ayudadas en tierra, porque solo así podían acceder a los procedimientos de identificación y tramitación de asilo. Las alegaciones de las personas acusadas ante el tribunal confirman que ERCI notificaba regularmente a la GCH la localización de las embarcaciones. En septiembre, el jefe adjunto de la GCH en Mitilene testificó afirmando que les llamaban desde ERCI regularmente para notificarles la llegada de embarcaciones.

Ni la legislación griega, ni el Derecho Marítimo Internacional obligan a notificar a las autoridades nacionales o de otro tipo a la hora de proceder a hacer rescates de urgencia en el mar. Si las organizaciones sin ánimo de lucro que llevan a cabo operaciones de Rescate Marítimo en aguas griegas intentan coordinarse con las autoridades competentes, en la medida de lo posible, es como ejemplo de buena práctica.

El informe especifica 11 casos en los que Mardini y Binder presuntamente facilitaron el tráfico, con conocimiento de las rutas y los horarios de las embarcaciones, el número de personas a bordo y sus destinos previstos en Grecia.

Binder no estaba en Grecia en al menos 6 de esas ocasiones. Lo mismo pasó con Mardini.

ACUSACIONES DE ESPIONAJE Y PERTENENCIA A ORGANIZACIÓN CRIMINAL

En los documentos judiciales, Mardini y Binder reconocen que, junto con otros miembros de ERCI, recorrieron rutas regulares en la isla de Lesbos, escaneando el mar en busca de embarcaciones en peligro, y controlaron las frecuencias de radio abiertas utilizadas por la GCH y la agencia de fronteras exteriores de la UE Frontex, para saber de embarcaciones en peligro. Eran tareas esenciales y rutinarias realizadas por rescatadores voluntarios. ERCI enviaba sus propias embarcaciones pequeñas para realizar rescates en aguas griegas y ayudaba a las personas migrantes y solicitantes de asilo una vez llegadas a las islas. Según antigues voluntaries de ERCI, se notificaba y coordinaba sistemáticamente con la GCH. Por su parte, el equipo de Campfire nunca tuvo radio.

Es importante entender que los canales de comunicación utilizados por la GCH, la OTAN y Frontex son canales abiertos. Cualquier pescadore y turista náutico es libre de utilizarlos, incluso tienen la obligación de escucharlos. Mardini y Binder están acusados de utilizar aparatos de radio sin licencia. En los documentos judiciales declaran que las radios se compraron antes de que empezaran a trabajar como voluntaries y que desconocían la obligación de obtener licencia. Mardini y Binder están acusades de comunicarse con las embarcaciones migrantes para ayudarles a evadir los buques griegos y de Frontex y de compartir información que los intereses del Estado exigen que se mantenga en secreto frente a gobiernos extranjeros, lo que conlleva una pena de hasta 10 años de prisión.

El informe policial, que es la base de la acusación, no contenía ninguna prueba relativa a esta acusación. Hay que mencionar que no habría servido de nada transferir dicha información. La GCH y Frontex estaban rescatando a personas en ese momento. Nuestro interés no era que las personas llegaran a tierra, ya que en ese momento era más seguro y preferible que fueran interceptadas por las autoridades en el mar. Solíamos informar a las autoridades de las embarcaciones que se encontraban en mar adentro, con la esperanza de que llegaran a ellas antes de que desembarcaran.

La fiscalía alegó que las personas voluntarias utilizaban fraudulentamente matrículas militares para entrar en zonas militares de acceso restringido en Lesbos, donde a veces desembarcaban refugiades y migrantes. No está claro cómo las personas voluntarias pudieron fingir que conducían un vehículo militar, ya que según la declaración de diverses testigos y las fotografías que se utilizaron como pruebas, el todoterreno mostraba claramente el logo del ERCI. El informe policial en el que se basan las acusaciones no incluye ninguna prueba de que Mardini y Binder intentaran entrar en zonas militares restringidas con el vehículo.

La acusación sostuvo que, dado que ERCI presuntamente llevó a cabo tráfico de personas, el trabajo voluntario de Mardini y Binder equivalía a pertenecer a una organización criminal. Además, la fiscalía acusó a Mardini de blanqueo de capitales por sus intentos de recaudar fondos en nombre de ERCI. El informe policial afirma que "se aprovechó del hecho de que es originaria de Siria [y] de su posición como refugiada".

Mardini afirma que, como voluntaria, no tenía acceso a los fondos de ERCI ni conocimiento de sus finanzas y que el grupo se limitaba a cubrir los gastos de manutención de las personas voluntarias en Lesbos. La policía también registró las cuentas bancarias de Mardini y Binder, pero la única prueba contenida en el informe policial fueron mensajes de Facebook.

DEVOLUCIONES EN CALIENTE Y EL FIN DEL RESCATE MARÍTIMO EN LESBOS

El equipo de Campfire continuó operando, siendo el único equipo de respuesta en la costa del sur. El equipo era consciente de los riesgos que corría, pero no estaba dispuesto a detenerse. Lo que finalmente puso trabas al grupo fue el cambio en las prácticas de la GCH.

Para poder trabajar, el equipo tenía que informar a la GCH de cada embarcación avistada. ¿Por qué? Imagínese que ve una embarcación diminuta y superpoblada a pocas millas de la costa y que se dirige hacia ella. Las cosas pueden salir muy mal. El barco podría zozobrar, hundirse, la gente podría caer por la borda, podría chocar contra las rocas... Una llegada es una situación increíblemente peligrosa. La GCH es el único recurso de rescate.

Incluso aunque el barco no fuera avistado mar adentro, sino que las personas fueran encontradas ya en tierra firme, habría que recogerlas y llevarlas al campamento, nos guste o no. La única forma de que llegue el autobús de traslado es que lo envíe la GCH.

Siempre entendimos nuestro trabajo como un deber, ya que las instituciones no podían —o no querían— cumplir con sus obligaciones de forma eficiente.

Siempre exigimos que estuvieran más presentes en los rescates.

Además, si ves llegar un barco, te conviertes, en teoría, en testigo de un delito. Así es la ley. Las personas que llegan acaban de cometer el delito de "entrada ilegal". Esto debería prescribir en el momento en que pidan asilo, cosa que pueden hacer en cuanto se reúnan con las autoridades. Así que, si no informas a la GCH o a la policía, se te considera cómplice.

A principios de 2020, Grecia dejó en suspenso todas las solicitudes de asilo, lo que supuso criminalizar a las personas por el simple hecho de entrar en el país y acusarlas de "entrada ilegal". Muchas de ellas fueron encerradas durante días en el puerto de Mitilene o en enormes barcos sin saber lo que les depararía. Además, la práctica de las devoluciones en caliente se hizo más sistemática. Esto, junto a las hordas de encapuchados con bates de béisbol que perseguía a miembros del equipo en las operaciones de rescate en la costa[3], más las detenciones e interrogatorios cada noche por parte de la policía, contribuyó a la decisión de Campfire de cesar su actividad después de 4 años en activo.

Pero estas amenazas no fueron el factor principal.

El equipo no podía aceptar entregar a las personas a las autoridades estatales para que hicieran devoluciones en caliente, las encerraran o las acusaran de entrada ilegal. Nadie podía asumir la complicidad de estas prácticas.

El juicio debía celebrarse el 18 de noviembre de 2021. A Mardini se le prohibió entrar en el país y no pudo asistir a su propio juicio.

El juicio se aplazó por errores de procedimiento y se iba a anunciar una nueva fecha.

Los intentos de impedir las operaciones de Rescate Marítimo humanitario y de criminalizarlas, no es exclusiva de Grecia. Italia ya lo ha intentado antes. Las investigaciones contra Iuventa[4], Save the Children y Médicos Sin Fronteras siguieron exactamente el mismo patrón: construir la narrativa de que las malvadas ONG colaboraban con traficantes. Mientras que Italia sólo tuvo un éxito parcial en su intento de detener a las organizaciones humanitarias en el Mediterráneo Central, Grecia consiguió su objetivo. Ninguna ONG o grupo independiente se atreve ya a realizar ninguna actividad de Rescate Marítimo en Grecia.

Declararon que nuestros prismáticos eran armas peligrosas. Así que nos vimos en la obligación de dejarlos de usar.

---

[3] Maik Fielitz, "Far-right vigilantism at Europe's borders: the Greek experience", Open Democracy (23 de marzo de 2020), https://www.opendemocracy.net/en/countering-radical-right/far-right-vigilantism-at-europes-borders-the-greek-experience/

[4] Véase la página web de la tripulación de Iuventa: https://iuventa-crew.org/case

NOS DESNUDARON EN EL BOSQUE Y NOS CACHEARON. PRIMERO EMPEZARON A REGISTRAR LA ROPA, POR TODAS PARTES. LO REGISTRABAN TODO. INCLUSO SI ENCONTRABAN DINERO, PENSABAN QUE DEBÍAS TENER MÁS DINERO. TE DESNUDABAN Y TE CACHEABAN LAS PARTES ÍNTIMAS, INCLUIDOS LOS GENITALES. EL MISMO MÉTODO SE APLICABA A TODO EL MUNDO, INCLUSO A LAS EMBARAZADAS. TE REGISTRABAN POR TODAS PARTES. SÓLO HABÍA AGENTES MASCULINOS PRESENTES.

En 2022, 27.984 personas fueron expulsadas de aguas griegas[1]. 326 personas han muerto o desaparecido en su intento de llegar a Grecia a través del Mediterráneo oriental desde Turquía y otros Estados en 2022. Es casi el triple que en 2021[2].

27.984

Es imposible saber cuántas personas murieron como consecuencia directa de la violencia a la que se enfrentaron durante una devolución en caliente, por el frío mientras se escondían de los hombres encapuchados que les perseguían, en naufragios de barcos que se produjeron debido a rutas más peligrosas. Se ha informado de al menos 14 muertes directamente relacionadas con las devoluciones en caliente[3].

DEVOLUCIONES EN CALIENTE SON ASESINATOS

---

[1] Datos de la Guardia Costera Turca.

[2] Datos de ACNUR.

[3] Datos de la Guardia Costera Turca.

MÁS FUENTES SOBRE LA VIOLENCIA EN LAS FRONTERAS Y LAS DEVOLUCIONES EN CALIENTE

▶ Al Jazeera, "El ejército en la sombra" (noviembre de 2022), https://www.youtube.com/watch?v=2-AvYyyVP98

▶ Border Violence Monitoring Network, borderviolence.eu

▶ Community Peacemaker Teams, "Encarcelar a los marginados" (noviembre de 2020), https://cpt.org/wp-content/uploads/IncarceratingtheMarginalizedReport 20201.pdf

▶ Forensic Architecture, "A la deriva en el mar Egeo" (julio de 2022), https://forensic-architecture.org/investigation/driftbacksintheaegeansea

▶ Kino Mosaik, "¿Qué es una devolución en caliente?" (enero de 2023), https://www.youtube.com/watch?v=pnqKfvqr_Yk

▶ Lighthouse Reports, "Frontex, la agencia de devoluciones en caliente de la UE" (mayo de 2022), https://www.lighthousereports.com/investigation/frontextheeupushback agency/

▶ Solomon Magazine, "El gran robo" (marzo de 2023), https://wearesolomon.com/mag/format/investigation/thegreatrobberyduring illegalpushbacksingreecerefugeesarerobbedbyborderguards/

▶ Solomon Magazine, "Sobreviviendo al infierno en Samos" (abril de 2023), https://wearesolomon.com/mag/format/investigation/survivinghellinsamos beatenrobbedandpushedbackfromgreekparadise/